国民素质简论

申铁铸 著

吉林文史出版社
JILINWENSHICHUBANSHE

图书在版编目（CIP）数据

国民素质简论 / 申铁铸著． -- 长春：吉林文史出
版社，2021.1（2024.3重印）
　　ISBN 978-7-5472-7613-6

　　Ⅰ．①国… Ⅱ．①申… Ⅲ．①国民教育－素质教育－
研究－中国 Ⅳ．①G522.3

中国版本图书馆 CIP 数据核字（2021）第 031273 号

国民素质简论
GUOMIN SUZHI JIANLUN

著　　者：申铁铸
责任编辑：王　新
封面设计：四川悟阅文化传播有限公司
出版发行：吉林文史出版社有限责任公司
地　　址：长春市福祉大路 5788 号　　邮编：130117
电　　话：0431-81629363（总编室）　　0431-81629372（发行科）
印　　刷：三河市嵩川印刷有限公司
经　　销：全国新华书店
开　　本：210mm×145mm　1/32
印　　张：6.75
字　　数：95 千字
版 印 次：2021 年 1 月第 1 版　2024 年 3 月第 2 次印刷
定　　价：42.00 元
书　　号：ISBN 978-7-5472-7613-6

印装错误可与印刷厂联系退换。

内容简介

本书对国民素质的定义是：一国民众在一定历史时期比较稳定地呈现的社会主导理念以及与之相联系的实践能力和调控能力的综合表现。

这个定义表明，国民素质不仅仅局限于道德伦理方面内容，还应包括人类生存发展应对的各种课题应具备的素质。如对国家民族振兴的责任担当素质、物质财富的生产和消费素质、家庭伦理素质、职场伦理素质、健康素质、文学艺术修养素质、诚信素质等。

由此可知，国民素质是由诸多子项相互联系组成的素质系统。因而全面系统的进行国民素质内容的提练教化是实现国民素质强而优的必由之路。

国民素质表现为人的认知和行动，根植于人的社会实践。只有符合客观世界运行规律的认知理念和行动才是更具真理性的理念和行动。国民素质具有强烈的客观真理性。

国民素质的历史演绎就是在不断的社会实践中摆脱蒙昧野蛮走向文明大道的。

　　根据如上认识，本书对国民素质的诸多子项展开具体分析并得出自己的结论。

　　本书对国民素质的教化和提升，也从方法论、伦理学、心理学、传统道德等方面进行了讨论。

目录

一个家庭的兴衰，取决于家庭成员的素质高低，一个国家的强盛或衰萎尽管原因更为复杂，但是，国民素质的高低，仍是极为重要的原因。因此，重视国民素质的教化和提升，是实现国家富强、民族复兴的重要课题。

第一章　国民素质的历史演绎

第一节　国民素质的定义

何谓国民素质？我们可以表述为：一国民众在一定历史时期比较稳定地呈现的社会主导理念以及与之相联系的实践能力和调控能力的综合表现。

一、社会主导理念

即人类在其生存发展实践中对于遇到的各种课

题，进行理性思考实践验证和价值判断形成的结论，社会主导理念正确与否直接影响由其引发的社会实践能力的社会效益。这是国民素质构成中具有方向驱动性和目标制约性的因素。

二、社会实践能力

即执行社会主导理念的现实活动，具有实践的手段性和技术的效益性。社会实践能力是为社会主导理念服务的，社会实践能力低于或者偏离社会主导理念的要求，就会对社会主导理念的实现产生负面作用。人类的思想和实践活动的统一和相辅相成，构成人类活动基本运行轨迹。

三、自主调控能力

即人类顺应自然规律变化对于已有认知和行为的守持或更新以实现新的平衡的能力，这是保持人类社会与外部世界相互适应、不断更新、保持生机活力的重要功能。自主调控能力的强弱，决定了国民素质能否保持自我扬弃、自主更新的活力。

不同的思想理念和实践行为以及自主调控能力的综合表现，构成人类不同的生存和发展状态，呈现出不同人群的不同素质。

当人们处于分散状态时，由于各自所处环境不同，实践和思维方式不同，所产生和守持的主导理念和实践行为也不同，这种散乱的状态，常常会产生族群之间的矛盾和冲突。因此，当国家产生之后，以国家法律法规和社会礼仪、习俗形式统一国民的思想理念和实践作为，形成社会主导理念和实践行为规范，以及相应的调控能力，从而形成了一个国家相对稳定的国民素质。

第二节　国民素质的客观真理性

一、国民素质表现为人的主观能动性，但它却是客观物质世界的反映

国民素质表现为人的主观能动性，但它却是客

观物质世界的反映。所谓客观物质世界，哲学的一般定义是：不以人的主观意志为转移的客观存在。根据这个定义可知，自然界属于此列，人类生命体和人类社会亦属于此列。事实表明，人的生命体是客观物质存在，其内在需求又是和生命体与生俱来的生理机能的表现，同样是客观物质存在；人类社会及其人际交往关系亦是客观物质存在，没有人际关系的存在，个体生命也就无法延续和发展，这些都是不以人的意志为转移的客观存在。

二、国民素质在质的定位、量的选择和度的把握上的客观真理性

人的生命体是靠其诸多的内在需求不断得到满足而实现其发育成长的。人的内在需求是人的生命体运行并产生作用力的原生动力，因此，认知人的生命体的客观需求，实现对人的内在需求的真理性认识；进而认知人和外部世界的客观必然的依存关系；从而形成人们的主导理念在质的定位上更符合客观实际，在实践行为上即在量的形成上更符合质

的要求，在度的把握上更具有定力和灵活性，这是实现社会主导理念客观真理性的首先和重要的理论立足点。

判断社会主导理念是否正确，在于其对事物的认知是否符合客观真理性，即在对事物的质的定位上是否符合客观事物运行规律。例如，人的需求表现为食欲、性欲、安全欲等诸多种类，而且存在诸多变数。每种需求又具有很强的扩张性和收缩性，有时酒池肉林也满足不了人对食欲的贪求，而吃糠咽菜也能维持实现生命需求的满足。

那么，人的物质需求理念在质的定位，量的组合和度的把握上，是否存在客观真理性呢？意识能否认知其客观真理性呢？答案是肯定的。例如，经过科学探索和实践验证，我们可以做出人类饮食理念质的定位是对均衡营养的需求，而不仅仅是品尝美味或填饱肚子，而均衡营养的主要内容包括六大类，即蛋白质、脂肪类、碳水化合物、矿物质、维生素和水，据此就可以测定各种食品的营养成分进行饮食量的组合（如各国普遍实行的膳食指南）。同时又引发出相应的生产各种食品活动的量的组合，从而实现了质和量的统一。其间，自主调控能力的功能则是使质的定位更合理科学，使量的组合更合理有效，例如为保持均衡营养要不断对食品内容进行增减，要求饮食八分饱，防暴饮暴食、偏饮偏食，从而使饮食素质保持质、量、度的协调稳定，更具客观真理性。

依据这种分析思路，我们还可以确定适应人类生存需要的其他物质生活内容的质、量、度的科学测定。例如对服饰需求质、量、度的规范和认定，对人类住房需求的舒适环保基本模式质、量、度的规范和认定，以及人类交通出行绿色环保质、量、度的规范和认定等等。

由此可知，当人们的社会主导理念在质的定位上符合客观实际时，具备的真理性程度就高，由其引发的社会实践能力就越有效益。而其中人的自主调控能力的强弱对于保持质和量的一致发挥着重要作用。通过不断的实践调整可以使社会主导理念在质的定位上更具真理性，使社会实践能力在量的表现上更符合主导理念的内在要求，从而形成国民素质更优化的组合。

　　社会主导理念作为人类社会实践和思维的成果，具有意识的属性，必须而且只能建立在对客观物质世界的认识基础上。意识是否符合客观物质世界运行的内在规律，是社会主导理念正确与否的不二选择，也是国民素质主观能动性得以成立并发挥出正面作用力的客观基石。

　　当我们面对人类生存发展的诸多课题进行观察思考探索的时候，严峻的现实正在向我们发出警示，人类实践作用力的提升正在对自然界造成掠夺性的索取，正在造成对弱势族群的欺凌和杀戮。而这种劣行，最终导致对施暴者自身的伤害，使人类在历史周期律的恶性循环中徘徊。

　　社会的运行和发展出现如此诡异的现象，看似偶然，其实是必然。那就是在对客观存在进行质的分析、进行量的组合和度的把握过程中出现了偏离。当人的意识和行为背离了客观物质存在的内在规律，其守持主导理念在质的定位上必然产生偏差，在量的组合上即在实践行为上也会产生失误。当人们仅凭主观意念和个人私欲恣意妄为的时候，在对自然界实施破坏的同时，必然带来客观物质世界对人类自身的伤害、惩罚和报复。

三、国民素质就是人类在对客观物质世界认识的基础上不断得到升华和提升的，国民素质具有强烈的客观真理性

人类认识客观规律并顺应把握客观规律，实现人类与自然界的有序和谐发展，这是一条由实践的深入引导认识的深入，实践和认识相互促进，一步步探索真理、接近真理的过程。

人的认识和实践的交互作用逐步提高的过程表现为认识发展的三种状态，即浅表型状态、经验型状态和科学理性型状态。

浅表型状态

由自身欲望或外部信息输入而产生的、未经思想和实践消化理解的理念。这种理念，停留在对本能而非理性、对现象而非本质、对形式而非内容、对局部而非整体的认识层面，因而是肤浅的表层认识。表现在实践作为上，常常呈现照搬教条、盲目极端、左右摇摆的状态。例如：把发展经济理念在

质的定位上简单归结于增加 GDP，在实践活动中就产生了重复建设，浪费资源，破坏环境的荒唐行为，与之相联系的是打击排斥不同意见，使之失去调控和纠错的能力，造成人力和社会资源的浪费，造成生存环境被破坏。

经验型状态

由实践体验和家庭社会传承形成的行之有效、约定俗成的理念。这种理念，常常反映了事物的因果关系，具有一定的真理可靠性，但欠缺理论验证，具有明显的滞后性和局限性。在实践作为上和自主调控能力上，墨守成规，缺乏创新思维，例如：传统的农耕操作方式，延续几千年基本未变。秦砖汉瓦的旧式房屋一代又一代依样复制，既不通风又少采光，但人们却长此以往安然受之。

科学理性状态

即经过实践反复验证的理论和实践相一致的理念，其主导理念在质的定位上更接近或更多地反映了客观规律，在量的组合上即在实践行为和实践能力上更符合主导理念的质的要求，因而具有强大的稳定的真理的力量。在自主调控能力上，随着社会实践的发展，科学理性认知也会推陈出新，产生新的更深入的认知。例如：自工业革命以来，日新月异的科技成果和新的生产力的突飞猛进的发展，以及由此产生的反映社会进步、人类解放规律的先进思想正引导世界摆脱贫困、摆脱封建专制，实现人类解放，在共同富裕大道上阔步前进。

人类认知的三种状态并不是孤立存在的，而是相互包涵，不断更新、提升的递进关系。是认识由浅入深、由表及里、由现象到本质、由形式到内容、由局部到整体、由低级到高级，其真理性程度越来越高，人类的觉悟和科学理性程度越来越高的过程。

国民素质也就是人类在对客观物质世界认识的基础上不断得到升华和提升的，国民素质具有强烈的客观真理性。

第三节　国民素质的历史演绎

一、国民素质沿着曲折复杂的历史轨迹发展演绎着

人类从远古走来，经历了太多的困苦和磨难，也进行了顽强的奋斗与抗争。在不断的实践、思变、推演和科学探索中，逐步认识自我，认识外部世界，并调控着个人和外部世界的关系，提炼并形成实现人类社会发展美好前景的社会主导理念和实践能力，使人的素质得到提升，推动了人类社会走向文明进步，国民素质就是沿着这条曲折复杂的历史轨迹发展演绎着。

正是人类对美好生活的追求，支撑了加载自身的重重苦难而不屈服。也是人类对美好生活的追求激发起更强烈的奋斗欲望。在人类不屈奋斗，求索真理的漫漫征途中，凝聚人类智慧结晶的先圣先哲

们做出了思想升华的重要贡献。世界东方的圣人尧舜禹身体力行，树起了孝悌礼智和天下为公的修身典模。在世界的西方，古希腊圣贤苏格拉底主张要思考生活，反对盲从权势，他提出"不理解的生活是不值得过"的惊世命题。他的学生柏拉图，则构画出了创造新生活理想国的美景。而亚里士多德，进行了包括解剖学在内的物理、化学、逻辑学、生物学等他所能触及的实践和理论探讨。与他们几乎同时代的，中华大地上的思想巨人，老子、孔子等也提出了道法自然、无为而治和执中守衡、中庸处世理念，这是人类智慧的明灯，引导人们在生命的征途上前行。

摆在人们面前的问题是，追求美好生活，就要理解生活，就是寻道、守道。那么，道是什么？老子说，道法自然，"自然"又是什么？他没有具体说明。孔子说，要守中庸之道，不偏不倚，中庸的标杆在哪里？中庸的"中"又在哪里？他也没有具体说明。千百年来，这些天问一直处于冥冥幻觉之中。老子的回答非常坦然，"道可道，非常道。名可名，非常名"，而孔子则周游列国，归纳提炼出人类伦理行为的原则规范。由于历史发展和社会实践的局限性，特别是缺乏科学技术手段的支持，所有圣贤的教谕，都只能来自他们亲身的生命体验。因而，虽然其思想闪着智慧的光芒，但他们也只是明其然而未明其所以然，停留在经验认识和思辨推理的平台上。对于达到科学理性的理念高度，尚有一段距离。

二、辩证唯物主义和历史唯物主义学说指引国民素质走向光明的历史演绎之路

历史走到了近现代，在经历了原始文明的积淀和中世纪对文明的野蛮专治历练之后，从十四世纪到十六世纪兴起的文艺复兴和启蒙运动，厚积薄发，产生了对自然界的探索和人类解放具有光耀天地意义的思想成果，其中，辩证唯物主义和历史唯物主义学说最绚丽耀眼。这个学说作为思想武器为人类探索自然奥秘，认知自然奥秘，使人类由自在状态经历反思过程，实现向理性的自为状态升华成为可能。辩证唯物主义原理认为，世界统一于物质，物

质决定意识，意识是物质存在的反映。物质既包括人类生存的自然界和宇宙天体，也包括人的生命体和人类社会的客观存在，它们都是客观物质世界的有机内容。它们相互联系，又相对独立，各有自己的运行规律，其中最具能动作用的是人的生命体的存在。正是由于人类具有超强的思维能力和智慧，并由此产生的能动作用力，使其摆脱了自然界的其他成员和动物伙伴，成为相对独立的客观存在，即人类群体的存在。于是，客观物质世界也就分为三大内容：第一，形成了人的生命体的客观存在；第二，人的生命体之间的组合体即人类社会的客观存在；第三，独立于人类之外的自然界的客观存在。由此，认知物质世界的奥秘，也就分为三大认知对象，即对人的生命体的认知、对人类社会的认知和对自然界的认知。

怎样实现社会主导理念在质的定位上更符合客观物质世界的真理性并不断提高其真理性的程度，从方法论上讲，是一个由抽象上升到具体的过程，即把抽象的概念具象化的过程，即对事物进行质的定性、量的组合、度的把握，从而得到完整而生动的具体的结论。例如：关于人的食欲的需求，本身是一个高度抽象的概念，当我们把人的食欲具体化为人的肠胃功能传递到大脑产生的饮食需求时，可以看到，其质的定位是对均衡营养的需求，而在量的组合上，则表现为包含各种营养成分的食物的组合。在度的把握上，则是适可而止，定时定量等。由此也就形成了关于人类饮食需求的符合客观真理性的系统认知。

以此类推，当我们分门别类地把人的衣着需求、住房需求、交通往来需求、疾病防控需求等物质生理需求逐个进行技术检测和评估时，依靠现代科学手段我们就可以基本形成关于人的生命体运动规律的系统性认识，即相对完整系统的人和自然界相互关系的社会主导理念和与社会主导理念相呼应的物质财富生产和消费实践活动以及自主调控活动。由此又对自己的实践行为进行有效的规范约束和调控的时候，人类也就一步一步实现了在物质财富的生产消费领域自身素质的提高和完善。

辩证唯物主义强大的思想威力进一步延伸到社会学领域，以历史唯物主义学说揭示了人类社会历史发展的基本规律，为人类实现自身解放、实现美好生活拨开迷雾指明了方向。

从历史记载和考古学发现可以知道，人类的发展从原始社会、奴隶社会、封建社会到资本主义社会，一以贯之，都是少数强权集团统治广大劳动群众的历史。其间，虽有中华大地上的炎黄二帝贤良治世，尧舜禹的仁政济民的闪光功绩，也有励精图治造就太平盛世的明君，还有古希腊军事民主制及雅典执政官梭伦改革的伟大创举，等等，但是整体来讲人类社会这段历史的社会主导理念仍是围绕着专制君主的意志，即"君权至上"的质的定位在支配着国民素质。到了封建社会，"君权至上"又加上了"君权神授"的名号，使封建统治更加专制、更加腐朽，因而国民素质处于愚昧、奴性状态。

伴随工业革命的兴起应运而生的大资本和大财阀，借着反对封建专制争取自由平等的旗号，对广大劳动群众实行资本的奴役和剥削，进而把资产阶级的利益推上社会主导地位，建立起以"资本至上"为主导理念的资本主义王国，劳动群众从封建专制的奴役中进入到资本原始积累残酷的血汗工资制的资本压榨中。

马克思历史唯物主义学说的横空出世使"君权至上"这个千百年来一直笼罩在民众头上的腐朽的社会主导理念崩溃了，这个新学说开天辟地地提出了人类社会发展的根本动力是社会生产力。生产关系必须适应生产力的发展要求的革命论断。同时指出劳动群众是生产力的主体体现。生产关系以及国家政权和上层建筑必须符合劳动群众的生存发展要求。这是社会发展的必然规律。由此得出的结论就是：社会主义社会的主导理念其质的定位就是人民当家做主人。即"人民至上"。《共产党宣言》把实现人的自由而全面的发展作为共产主义本质特征。正如震动旧世界大厦的《国际歌》唱道："从来就没有什么救世主，也不靠神仙皇帝，要创造人类的幸福全靠我们自己。""不要说我们一无所有，我们要做天下的主人。"

历史唯物主义学说掀开了人类思想解放的新篇章，打碎了长期束缚人们思想的依附皇权，祈求神仙保佑的奴性理念。劳动群众昂首挺胸地发出了要当社会主人的社会最强音，并付诸建立社会主义政权的实践行动。实现了社会发展的历史性跨越。

由此，在辩证唯物主义学说和历史唯物主义学说的共同指引下，对于人类历史创造和留存的传统文化宝库，也就有了比较明确的价值良莠标准，也就有了既严肃的批判和修正又积极的肯定和继承，进而使先进的马列主义学说和优秀的传统文化合力推动人类社会文明进步，人类的素质也在一步步走向强而优。

历史走进了当代，中国共产党人在推进马克思主义中国化的进程中，先后形成了毛泽东思想、邓小平理论、"三个代表"重要思想、科学发展观、习近平新时代中国特色社会主义思想，为推进社会革命和自我革命提供了强大的思想武器。

国民素质的历史演绎和进化提升过程就是人类不断摆脱自身私欲的束缚，逐步探索形成更加符合人类命运共同体生存发展规律的社会主导理念和实践能力以及调控能力的过程。这是一个曲折的实践奋斗过程，也是一个上下求索的思想提炼过程，更是人类走向美好幸福新世界的光明路程。

第二章　国民素质的内容

　　根据国民素质的定义可以认为，国民素质不仅仅局限于道德伦理方面内容，还应包括人类生存发展应对的各种课题应具备的素质。如对国家民族振兴的责任担当素质即家国情怀素质；物质财富的生产和消费素质；家庭伦理素质；职场伦理素质；健康素质；文学艺术修养素质；诚信素质等。由此可知，国民素质是由诸多子项相互联系组成的素质系统。因而全面系统地进行国民素质内容的提炼和教化是实现国民素质强而优的必由之路。按照以上思路，我们试图对国民素质的内容进行如下分解。

第一节　物质财富生产和消费素质

人类的生存和发展，须臾离不开物质财富的获取和消费，并由此决定其生存与发展的轨迹，因此，讨论国民的物质财富素质是首先和重要的课题。

国民的物质财富素质的主导理念质的定位，即"俭用天物"。其内涵是根据国民自身的科学理性需求对自然界进行财富的开发和消费。这个质的规定，既包含了人类对自身物质需求的理性把握，也包含了人类和自然界在物质变换过程中的节制私欲，敬畏自然，遵守自然规律，保持生态平衡运行的自觉。

一、物质财富的生产和消费理念的本质定位是"俭用天物"

物质财富的生产和消费活动，表现为人类和自然界之间的物质变换过程，即人类付出智力和体力，作用于自然界，并从自然界获得自己所需要的物质资料。

在生产和消费的关系上，消费决定生产，消费决定生产的内在动机，不被消费的产品不是现实的产品，因此，也不被认可为物质财富。

物质财富的定义是：适应人类社会生存发展需要的，有效的劳动产品和自然存在物，就是物质财富。

由此，也就可以对国民的物质财富素质进行质的定位，即"俭用天物"。其内涵是根据国民自身的科学理性需求对自然界进行财富的开发和消费。这个质的规定，既包含了人类对自身物质需求的理性把握，也包含了人类和自然界在物质变幻过程中的节制私欲，敬畏自然，遵守自然规律，保持生态平衡运行的自觉。而超出人类健康成长需求的物质财富的生产和消费，都是对人类自身的伤害，也是对自然资源的浪费和破坏。例如，一条食用鱼从鱼塘的修筑到鱼苗的培育、饲养，到小鱼长成、捕捞、运送市场、通过交易进入餐厨，再经过由具有一定技能的厨师的操作，加入各种配料，最终成为佳肴，端上餐桌，其中付出的劳动量之大可想而知，然而食客仅仅品尝了几口就弃之，而后成为垃圾甚至成为污染物。这种生产的付出和消费的收益的背离，是对自然界和人类自身的生存发展原理的扭曲。如果成为人们的社会习俗，将对自然界和人类社会产生严重后果。因此"俭用天物"作为国民物质财富素质的主导理念，具有极其重要的意义。

依据物质财富素质的质的定位，其量的组合表现为若干子项系统的组合，如饮食产品的生产和消费、服饰产品的生产和消费、居住产品的生产和消费、交通运输工具产品的生产和消费、日常生活用品的生产和消费，以及与之相对应的生产资料产品和清洁的水、空气等自然存在物的生产和消费，等等，都应成为"俭用天物"理念在量的方面的具体体现。

在物质财富的生产消费的度的把握上，表现为人类对消费和生产需求的节制性、有效需求性的不断调整、不断更新，达到新的均衡。

对物质财富的消费和生产的认识，是一个由浅表层认识向经验层认识逐步达到科学理性层面的升华过程，人类对此付出了巨大努力，至今仍处于不断的探索过程之中。从质的认识到量的组合，到度的把握，也处在不断地变化和调控之中。

二、物质财富的生产和消费理念的被扭曲

在正常情况下，一个人或一家人只要勤勉劳动，实现基本的生存需求甚或舒适的生活需求，是完全可能的。

但是，历史呈现给我们的真实画面却是数不清的饥饿贫困和为争夺财富无休止的争斗，由此产生的社会危机和政权履灭的历史周期律的一而再地再现。其缘于物质财富的原因有：一是社会原因：由于在私有制主导的社会中个人和个体家庭对不测风险极弱的抵抗力，由此产生了人们积聚财富的强烈欲望和几近疯狂的互相竞争，造成一边是财富的积累，另一边是贫困的积累的社会惨状。二是个人原因：对财富的生产和拥富能力与对财富的消费和处置态度认识错位：创富致富是人的实践能力的表现，这会带来富足的生活，并引起人们的关注和艳

羡，带来其心理的满足，由此可能引发炫富斗富的心理冲动。能否由富而荣、由富而贵则是由拥富之后如何处置财富的行为理念决定的。

创富拥富是实践能力的表现，而如何运用财富是道德修养的表现。创富能力强，可以引以为自豪，但不一定受到人们尊敬，因此只是低层次的自尊心的满足，为富不仁、为富奢侈反而会被社会不齿。只有富而自律、热心公益，才会得到社会的认可和尊重，这是高境界的自尊即尊严的实现，是一个人由能力强盛转向道德高尚的价值观的升华，是追求并实现健康而有尊严的美好生活的科学理性认识的实现。

但是，以上两大因素的存在只是造成国民对物质财富理念产生严重扭曲的重要原因，由此又引出对物质财富在生产和消费方面的实践行为的变异，进而产生一系列的社会问题，特别是拜金主义的泛滥。拜金主义扭曲了人们的价值观，职场中侵犯员工合法权益，家庭中可以亲情撕裂，市场上可以制假售假，官员中可以徇私枉法。以致误导财富消费和生产走向资源浪费的歧途。这种对物质财富的生产和消费的被扭曲了的理念和行为，勾画出国民素质的衰败和异化，这是一个民族的命运极为险恶的状态，也是国家和社会面临崩溃的先兆。于是，在我们提倡发展市场经济的时候，市场经济规律即价值规律，这只看不见的手能否发挥扭转乾坤的作用呢？市场经济运行发展的历史给了我们确定的回答：即市场经济越发展，价值规律的自发作用越减弱。

三、市场经济对国民素质的影响

社会实践的发展证明，市场经济越发展，价值规律的自发作用越减弱。仅靠市场作用无法保证经济运行沿着健康可持续轨道发展。

怎样认识市场经济对国民素质的影响，特别是怎样认识资本主义条件下和社会主义条件下的市场经济对国民素质的不同影响？我们必须对商品经济的性质和商品经济的社会历史定位做出正确的评判：

1.市场经济平等交换劳动的本质特征有助于国民素质的提高

市场经济的本质特征是平等交换劳动，市场经济的产生是从原始社会后期开始的。社会分工的发展，使人们有了互相交换产品的要求。而私有制的形成，又要求这种交换必须计价进行。于是，等价交换商品的经济形式就逐步形成和发展起来。

马克思指出，在商品交换中"为了使这些物作为商品彼此发生关系，商品监护人必须作为有自己的意志体现在这些物中的人彼此发生关系。因此，一方只有符合另一方的意志，也就是说每一方只有通过双方共同一致的意志行为，才能让渡自己的商品，占有别人的商品"。可以看出，商品交换是在独立的从而有行为自由的商品生产者之间发生的经济行为。它表现为不同使用价值之间的互相让渡，实质内容是劳动的交换，是生产不同使用价值的劳动之间的平等交换。因此，市场经济可以称之为：平等交换劳动的生产和流通活动。平等交换劳动是市场经济的基本特征，也是市场经济与自然经济，与产品经济的根本区别。

第一，市场经济平等交换劳动的原则，唤醒了民众自由平等的觉悟。

市场经济平等交换劳动的原则体现了一种进步社会公理——自由、平等。"商品是天生的平等派。"它和奴隶制度、封建制度的特权、等级观念和人身依附关系是不相容的。市场经济在漫长的发展过程中，唤醒并激发起民众发展商品生产，采取自由平等的觉悟，但是，在奴隶社会、封建社会无法成为主导经济形式，基本原因就在于市场经济的观念，"即一切劳动由于而且只是由于都是人类劳动而具有的等同性和等同意义，只有在人类平等概念已经成为国民牢固成见的时候，才能揭示出来。"而这种观念在奴隶社会和封建社会严森的等级体制中是无法立足的。它只能存在于社会下层，存在于自由民、个体私有者和小手工业者的交往关系中。但是，民众追求商品生产的发展、追求自由平等的生产和消费理念一经唤醒，却会成为不可阻挡的实践能力。

市场经济自由平等的特性，使它具有顽强的生命力在强权制度下存活并发展起来。

第二，市场经济平等交换劳动的原则调动了民众创新创业的实践能力。

市场经济平等交换劳动的关系，在其初始阶段表现相当直接，商品生产者往往以各自的商品进行物物交换。这时，等量劳动相交换表现为交换双方以各自商品中包含的个别劳动是否相等来决定成交与否。这种交换使人们认识到，同量劳动时间的产品可以换取相应劳动时间的其他产品。于是，分工得到了发展，"例如，在狩猎或游牧民族中，有个善于制造弓矢的人，他往往以自己制成的弓矢，与他人交换家畜或兽肉，结果他发现，与其亲自到野外捕猎，倒不如与猎人交换，因为交换所得的比较多。为他自身利益打算，他只好以制造弓矢为主要业务，于是他便成为一种武器制造者。另有一个人，因长于建造小茅房或移动房屋的框架和屋顶，往往被人请去造屋，得家畜兽肉为酬，于是他终于发觉，完全献身于这一工作对自己有利，因而就成为一个房屋建筑者。同样，第三个人成为铁匠铜匠，第四个人成为硝皮者或制革者"这样，生产分工越来越发展，促进了社会生产力的发展，市场经济也随之发展起来。

当商品交换和市场扩大到一定程度，商品在市场上的价值确定已不能再局限于以商品的个别价值量为标准，而必须以生产同一种商品的社会必要劳动时间为依据决定其价值量了。这时，商品生产者平等交换劳动的关系就演变成以同一种商品社会必要劳动时间决定的价值量为基础的不同种商品之间的平等交换。它的作用也随之深化了——它诱发或迫使商品生产者在分工的同时，还要进一步减少自己商品的个别劳动时间的耗费，使商品中包含的价值量低于社会必要劳动时间决定的价值量，从而在他按社会必要劳动时间出售商品时能以高出自身价值的价格成交，换回更多的交换价值。如果商品生产者不能做到这一点，如果他的商品的个别劳动时间高于社会必要劳动时间，当他按社会必要劳动时间决定的价格出售商品时，他耗费在自己商品中的高出社会必要劳动时间的劳动耗费就得不到实现，这意味着他在做亏本生意。这种现实将迫使商品生产者努力改进技术，提高劳动生产率，从而就促进了生产力的发展。

第三，市场经济平等交换劳动的原则规范了民众互助共享的行为取向。

社会生产的发展，表现为各单个生产体的有机运动以及由这些生产体的运动组成的社会生产和再生产的总体运行。马克思的社会再生产原理告诉我们，实现社会再生产平衡发展的核心问题是产品实现问题。它表现为两方面的内容：①实物补偿，即各生产体所需生产材料能否及时得到供给。②价值补偿，即各生产体在销售中能否使自己支出的价值量得到合理实现。如果这两方面的要求有任何一个不能得到实现，影响社会生产，从而社会生产力的发展就将受阻。例如，一个企业100万元价值的产品，经过销售只能得到50万元的价值补偿。那么这个企业的再生产过程就很难维持下去了。同样道理，如果一个企业在实现生产资料补偿中不能实现以价值为基础的合理交换，同样会破坏交换双方的经济联系，造成社会再生产的梗阻和生产力的被破坏。

可见，保持社会各生产体之间等价交换商品的关系，是实现社会再生产不断发展的重要条件。由于社会生产力的发展存在于社会生产持续发展的运动之中，因此，市场经济生命力也正存在与生产力的发展共命运的社会再生产平衡运动之中。终于，市场经济顽强的生命里摧毁了封建城堡的割据和封锁，使商品交换自由平等的理念在更广阔范围得到社会的认可。

但是，在私有制基础上产生和发展的市场经济，又带有明显的消极作用，它会不断造成商品生产者的两极分化，一部分市场竞争力强的商品生产者富裕起来，而另一部分竞争力差的商品生产者却破产、倒闭以至家破人亡。这是因为市场经济平等交换劳动的原则，在私有制度下是在利益的对立中，在激烈的讨价还价中得到实现的，带有很大的偶然性和自发性。市场经济的平等原则和私有制的利己原则表现了不协调性。这种情况在资本主义市场经济中表现的就更为明显了。

2.资本主义制度对市场经济原则的扭曲和否定，造成了国民素质的扭曲和否定

资本主义私有制使劳动力成为商品，使市场经济平等交换劳动的原则在生产领域成为虚假的形式。

在简单市场经济时期，在劳动者个体私有制基础上，商品的生产和交换行为是由同一主体承担的。生产者既是生产资料的主人，又是商品的所有者。因此，商品生产者平等交换劳动的关系可以直接通过商品在市场上的等价交换过程得到实现。在资本主义条件下，事情就发生了变化，商品的直接生产者已不是生产资料所有者，生产商品的是工人，而商品的所有者是资本家。资本主义生产的这个特点使简单市场经济中生产和流通领域平等交换劳动的一体性被分解为两个交换过程，即生产领域的劳动交换和流通领域的劳动交换。由此，也就开始了资本主义私有制对市场经济原则的扭曲和否定过程。

资本主义生产的基本前提是劳动力成为商品。劳动力商品的买卖是在流通领域进行的，这时他们还遵循着等价交换的原则，资本家和工人"彼此只是作为商品所有者发生关系，用等价物交换等价物。"资本家按照劳动力商品的价值付给劳动力所有者货币，他们是作为自由的在法律上平等的人缔结契约的。"然而，一旦离开这个简单流通领域……原来的货币所有者成了资本家，昂首前行，劳动力所有者成了他的工人尾随于后，一个笑容满面，雄心勃勃；一个战战兢兢，畏缩不前，像在市场上出卖了自己的皮一样，只有一个前途——让人家来鞣。"

在直接生产领域，等价交换形式掩盖下的不平等交换劳动的关系暴露出来了。马克思的剩余价值学说告诉我们，雇佣工人的劳动分为两部分内容，一是必需劳动，创造着相当于劳动力价值的价值，另一部分是剩余劳动，创造着被资本家无偿占有的剩余价值。工人在劳动之后，只能得到他创造的全部价值的一部分，即相当于劳动力价值的那部分价值。这样，资本家实现了在生产领域对工人劳动的剥削——用少量的工资同工人创造的全部价值之间的不平等交换。于是，市场经济平等交换的原则在资本主义私有制度下，首先在生产领域被无情地否定了。

接着，垄断价格和垄断利润的形成，又在流通领域否定了市场经济等价交换的原则。

资本主义生产的发展，自由竞争造成了生产集中，生产集中又造成垄断的形成，使资本家可以凭借自己的垄断地位实行垄断价格。垄断价格就是以低于商品价值的价格购买原材料，同时用高于商品自身价值的价格出售商品，从中攫取垄断利润。这样，市场经济平等交换劳动的原则在生产领域被否定之后，随着垄断价格取代生产价格，资本主义私有制又在流通领域对市场经济进行了否定。于是，市场经济的基本特征从生产到流通领域在资本主义私有制的扭曲中变得面目全非了。

这里需要说明的是，资本主义私有制对市场经济的扭曲，并不排除它相对于奴隶制度和封建制度所具有的进步性。这是因为，奴隶制度和封建制度是从整体上排斥市场经济的。而资本主义私有制起初却在流通领域使市场经济的原则得到普遍承认。尽管这只是出于实现资本家的剩余价值生产的目的。但是，商品交换的发展却反作用于生产，有力地刺激了社会分工和专业化生产力的形成，促进了科学技术的创新和运用，带来了资本主义经济比它之前的社会经济空前活跃和发展。但资本主义私有制在生产领域对市场经济原则的扭曲，也严重破坏了生产力的发展，压抑和摧残了劳动者的生产热情，产生了资本主义不可克服的矛盾，造成资本主义经济危机的不断爆发。

3.社会主义制度使市场经济原则获得重新肯定，也使国民素质得到全面发展和升华

怎样看待社会主义条件下的市场经济？这是至今仍然面对的现实问题。

解答市场经济在社会主义条件下能否存在的问题，关键在于证实社会主义公有制原则与市场经济在促进生产力发展的作用中是否具有性质的同一性和作用力的一致性。

理论考察证明：

（1）社会主义市场经济实行按劳分配为主的分配制度使平等交换劳动的人际关系得到自觉实现。

社会主义实行的按劳分配的原则，仍然是"商品等价物的交换中也通行的同一原则，即一种形式的一定量的劳动可以和另一种形式的同量劳动相交换。"这表明，市场经济的原则同社会主义的分配原则是一致的。

科学的认识论告诉我们，任何事物的本质特性，只是在它和周围事物的相互联系中才能表现出来。社会主义的工资和资本主义工资都表现为一定量的货币，但它们在性质上的区别却是从工人的工资收入与工人创造的全部价值之间的不同联系中显示出来的。

资本主义的工资之所以具有劳动力价值的性质，是因为工人创造的全部价值可分为两部分，一部分由工人所得，另一部分作为剩余价值被资本家占有。因此，工人得到的只是他创造全部价值的一部分，其余部分与工人基本无缘了。这样，工人劳动后得到的收入和他劳动创造的全部价值是一个不相等的量。当然不能认为工资是劳动报酬了，而只能根据工人工资主要用于维持其劳动力再生产这一基本事实认定资本主义工资是劳动力的价值或价格。而社会主义的工资则不同，工人创造的全部价值虽然仍分为两部分，但这两部分价值却通过不同渠道，用不同的形式又回归劳动者所有：一部分以工资形式直接分配给劳动者，另一部分则被用于劳动者整体的利益需要。因此，社会主义制度下，劳动者创造的全部价值实际上都归劳动者所有，尽管劳动者工资只是其创造的全部价值的一部分，但与他从公共需要中得到的另一部分劳动报酬联系起来看，工资是他得到的劳动报酬的有机组成部分。因此，可以认定社会主义工资具有劳动报酬的性质，是按劳分配的具体形式。

这样，工资这个在资本主义制度中否定市场经济平等交换劳动关系的形式，在社会主义条件下升华为体现劳动者按劳取酬的合理形式。按劳分配原则的实行，使市场经济平等交换劳动的原则在社会主义条件下得到自觉的重视，成为保持劳动者生产积极性，促进生产力发展的有力杠杆。

（2）社会主义市场经济实行国家宏观调控使平等互利的生产内在要求得到自觉实现。

社会主义实行宏观指导和调控，而市场经济促进单个生产力发展的功能使计划调节成为高基点的管理。市场经济和计划调节在促进生产力发展中表现出作用的一致性。

社会生产由于社会需求内在比例的制约，从而社会产品的构成以及社会生产的内在结构存在着质的区别和量的比例。这种内在比例是客观的。在私有制特别是资本主义私有制度下，由于生产受资本家私人利益的驱使，社会生产的客观比例是通过无序竞争和不断的经济危机进行事后调整实现的。这就必然造成社会生产力的巨大破坏和物质财富的巨大浪费。社会主义公有制的建立，使代表劳动者共同利益的国家管理机构有可能通过宏观调节使社会生产避免资本主义私有制造成的社会生产无政府状态，实现社会生产既有活力又有秩序的发展。

但是，社会管理机构对社会生产进行计划管理必须建立在单个生产体充分发展的基础之上。这是因为，一方面，只有企业生产力的充分发展在市场上造成激烈冲撞，才会产生对社会生产实行计划调节和管理的要求。另一方面计划管理只有建立在单个企业生产力充分发展基础之上，这种计划管理才可能是高基点和高效益的。如果企业生产死气沉沉，即使有可能实现社会生产的计划管理，这种管理也会由于企业生产的疲软状态而变得没有光彩。

企图使国家管理机构同时负担起既调节企业内部生产发展，又调节各企业之间的比例关系这两项任务，在实际上不仅是不可能的，在理论上也是十分困难的。因为企业的发展运行不仅需要计划性，同时又要不断突破既定的计划和比例的束缚以实现自身新的发展。（可参考本人观点：《生产力对计划和比例具有排斥性》，刊于《经济问题》1986年7期）对于无数企业在对计划和比例时而排斥、时而依赖的活的运动，国家管理机构是无法做出微观的、具体的管理规定的。因此，利用市场经济促进单个生产体发展的功能，把市场经济与计划调节有机结合起来，可能是解决这一难题的有效途径。即在增加企业活力方面，主要依靠市场经济的作用，而在实现社会生产有计划按比例发展这一任务时，则主要依靠国家管理机构的统一而灵活的计划和调节。

把企业放进市场经济的市场竞争中，让企业在市场上实现生产与消费的直接结合，才能使企业获得充分发展的内部动力和外部压力。

我们知道，社会生产虽然存在着客观的比例关系，但生产同一种产品的企业在既定比例中各占多大分量，则取决于这些企业的生产与消费的有机结合程度。企业产品质优价廉，就会被更多消费者接受，该企业在这种产品生产的既定比例中占的分量就大，企业就会更快发展。反之，质劣价高的生产企业会因其产品难以被消费者接受而被迫减产或停产。可见，企业自我发展的调节机制，应该存在于企业生产与消费的直接联系之中，即存在于市场经济平等自由的交换关系之中。

这样，当市场经济带来企业生产充分发展的时候，同时也就为国家管理机构在更高基点上对社会生产的比例关系实施有效调节提供了积极条件。

于是，市场经济机制促进单个企业生产的发展，而宏观计划调控则保证众多单个企业发展组成的社会生产发展的计划性和比例性，从而构成了社会生产既充满生机又按比例运行的良性发展。

实践证明，社会主义的计划性和市场经济的盲目性并非不能统一，在公有制基础上，它们在促进单个企业发展和社会生产发展中实现了有机结合，显示出力的作用方向的一致性。于是，市场经济在更自觉的状态下发挥出它促进生产力发展的积极作用。社会义主义市场经济使平等互利的生产的内在要求得到自觉实现，国民素质在市场有序友好竞争中得到提高。

（3）社会主义市场经济提升了劳动者共同富裕的财富素质。

市场经济具有促进生产力发展并带来物质财富更快增加的功能。但在私有制度下，社会财富总量的增加并没有带来社会的共同富裕，反而造成社会新的不平等和劳动者的贫困。简单市场经济的发展造成商品生产者的两极分化，而资本主义私有制下的市场经济却造成了贫富的对立。"在一极是财富的积累，同时在另一极，即在自己的产品作为资本来生产的阶级方面，是贫困、劳动折磨、受奴役、无知、粗野和道德堕落的积累。"

社会主义公有制的建立，否定了生产资料私人占有在财富分配中的资产阶级权力。广大劳动者成为社会生产的主人并形成根本利益一致的按劳分配、平等互助关系。这就使市场经济发展所需要的"平等观念"终于在社会主义条件下有了坚实的存在基础。市场经济原则的实现过程中也排除了私有制利益对立的羁绊而获得了自觉实现的条件。这样，市场经济促进物质财富的迅速增长，而公有制则保证劳动者自主劳动权利和参与平等分配的权利。市场经济对物质财富的积极创造力和劳动者共同富裕的根本利益实现了自觉结合，使市场经济促进物质财富增长的作用，升华为劳动者共同富裕的社会财富理念的形成和实践。

4.国民素质在市场经济的辩证运行中经历着否定之否定的发展过程

从前面的叙述中，我们似乎看到了市场经济正在经历的否定之否定的辩证发展过程。

市场经济的最初形态是简单市场经济，在劳动者个体私有制基础上产生和发展起来。简单市场经济以极朴素的形式显示着商品生产者之间平等交换劳动这个市场经济一般的本质特性，促进了生产力生机盎然的发展。但它的作用力却局限在对单个生产体的生产具有效果的范围内。并且由于私有制的原因，它常常是在自发的和盲目的态势中存在着的，因而是市场经济初始的不成熟的形态。

资本主义私有制否定了劳动者个体私有制，同时开始了对简单市场经济的否定过程。在资本主义私有制条件下，市场经济平等交换劳动的内容被推到了极端的程度——生产商品的劳动力被推到市场上成了商品。由此，市场经济的原则先是在生产领域进而又在流通领域成了徒有虚名的形式。市场经济在资本主义私有制度下被否定了。

社会主义公有制的建立，否定了资本主义私有制，同时建立了劳动群众公有制为主体多种所有制共同发展的经济体制。于是市场经济获得了重新振兴的崭新条件。它不仅使市场经济平等交换劳动的本质内容按劳分配原则的实施中得到自觉再现，带来劳动者的共同富裕，而且是市场经济的发展在国家宏观调节指导下上升为对社会生产发展的自觉推动力。并且，在私有制度下市场经济的被扭曲形式在社会主义制度中由于科学而严格的规定又被复归为保证市场经济顺利发展的必要手段。如对某些特殊产业或产品的国家专权经营和管理。于是，市场经济的发展实现了与全社会利益的自觉结合，从而进入了前景广阔的自觉发展阶段——市场经济在社会主义公有制条件下实现了重新肯定。

根据以上的叙述，可以认为市场经济的基本规律即价值规律的运作原理和运作机制是：商品生产者和商品消费者之间相互依存、相互制约，在利益博弈中实现利益的平衡。当商品生产的质量和价格符合消费需求预期时，商品生产的价值就会得到实现。反之，消费会抵制其商品生产，迫使商品生产做出调整，进入符合消费需求的轨道，从而保证了商品生产和消费的平衡发展和运行。这种生产和消费相互制约、相互促进的运行机制，在简单商品经济状态下，表现得很直接、很有效。但是，随着生产的发展，商品生产规模越来越大，在市场覆盖面愈加广泛之时（常常导致垄断），处于个体存在状态的消费者对其影响和制约能力就越来越弱了。随着市场经济发展，价值规律的作用力不是随之变大变强，而是变小变弱。在简单商品经济条件下，价值规律能有效发挥自动调节生产和消费的作用，而在现代发达的市场经济条件下，价值规律的调节作用就显得十分微弱。这种由原始的私有制主导，在私人利益驱动下发展起来的市场经济，对市场经济的生产和消费正常秩序产生着巨大的冲击和破坏，物质财富会越来越集中在极少数人手中，贫富差距日益扩大，社会矛盾日益尖锐，社会危机不断爆发，社会大动乱将不可避免。

市场经济的日益发达发展，呼唤着对社会生产具有强力制衡作用的消费者整体利益的代表，即代表广大分散的消费者的共同利益和共同抑制力的制衡力量出现。这个力量不是奉行"资本至上"理念的资产阶级政权，而是奉行"人民至上"的社会主义政权。

四、社会主义市场经济使国民的财富素质走上科学和理性的轨道

由人民政府代表消费者对社会生产进行制衡，形成了社会主义市场经济条件下价值规律的新型作用形式。

代表人民群众的利益，而不是维护资本的私利。这正是社会主义制度得以建立并具有旺盛生命力的经济学根基，也是国民素质在物质财富的生产和消费领域沿着科学理性的轨道走向诚信经营、勤劳节俭、共同富裕的文明之路。社会主义制度下的市场经济和资本主义制度下的市场经济根本区别不在于允许一部分人先富起来，而在于必须做到先富带动后富，实现劳动者的共同富裕；不在于允许个体和民营经济创新创业做大做强，而在于坚持公有制为

主体，鼓励规范企业遵法合规经营，积极承担社会责任；不在于允许人们由于消费偏好和收入差距产生的各具个性的消费行为，而在于严格禁止炫富斗富奢侈低俗的消费行为，使"俭用天物"的物质财富的生产和消费理念得到实现，为此应注意做好如下工作：

1.对物质财富的生产和消费活动进行科学定位

"俭用天物"是物质财富生产和消费的主导理念，也是物质财富生产和消费理念的质的定位。在量的表现上，则是倡导健康、俭朴、整洁、环保的生产和消费行为。

所谓健康，指的是有利于生理和心理健康的消费内容和消费方式以及相应的产品生产。

所谓俭朴，指的是节约资源，朴素简约的生活态度和行为以及相应的产品生产。

所谓整洁，指的是对个人生活和生存环境进行美化、绿化和整洁性的生活和生产管理，使人居环境成为宜居的家园。

所谓环保，指的是对大自然和生态平衡的维护，包括对生产和消费产生的废弃物的处理，要努力做废物分解和利用，不能一扔了之，更不能乱排乱放。必须做到使废物变宝，即发展循环经济。

但是，在资本主义市场经济条件下，由于民间消费需求随着财富积累状态的分化，将会形成富裕群体的消费和平民群体的消费两大趋势，这就会引发产生奢侈品的生产冲动，从而形成物质财富的生产向奢侈浪费的方向发展，造成消费的两极分化，一方面造成对社会资源无休止浪费，另一方面造成社会贫富差距的分化与社会群体矛盾的对立。这也是资本主义制度下市场经济的异化表现。因此，从把握消费规矩入手，进而引导规范社会生产活动，对民众的生活消费诸多内容进行必要的定性引导，形成"俭用天物"的物质财富的生产和消费主导理念。同时，加强对物质财富主导理念的落实和执行力度，强力推行倡导健康、俭朴、整洁、环保的社会风尚，限制、惩处铺张浪费、奢靡炫富的消费行为，形成对社会生产的有效引导和约束。由此，企业生产就会以政府规划督导的消费需求作为生产的内在动力进行新产品和新技术的不断创新更新，形成符合社会公平正义原则的社会生产和消费有序有效运行的机制。国民物质财富素质的提高和升华也就获得了客观物质条件的支撑和体现。

如定时发布民众膳食消费指导，提倡均衡营养和美味的健康饮食理念；又如，倡导实用舒适型居住理念，限制并制约豪华住宅的消费；提倡绿色、节能交通消费；规范文明庄重的服饰衣着和不同集会的服饰要求等。对生活消费诸多内容进行必要规范定位，并以法律法规形式强制执行，惩罚炫富斗富行为，提倡健康节俭的生活理念，以保证物质财富的生产和消费沿着稳定、有序的轨道发展。

这样，社会生产和资金的运行按照政府指引的轨道运行，实现了政府和市场的有效连接。避免了市场经济中，生产和消费之间的无序影响、无序运行的弊端，实现了有法可依，有规可循的健康运行。这也是科学理性的物质财富生产和消费素质建设的本质要求和体现。

2.在物质财富的总量中，推进公共财富的积累和消费

以减轻个人和家庭因力量单薄对不测风险的恐

惧而产生的聚财欲望，从而使民众树立对财富的有效、有限需求观念。例如，加强和完善社会基础设施建设，稳妥发展社会保障和社会福利和社会服务事业，减轻人们对积累财富的盲目奢望，当人们摆脱了对贫困的恐惧和对钱财的盲目奢望时，也就可能安心从事自己属意和专长的工作，更可以使有创新能力的人才摆脱生活的负担，投身到科研创新之中。

在一定的历史时期，物质财富的需求总量会呈现相对稳定的状态。同时，物质财富的生产和消费结构在时空上会呈现出金字塔形态：其底部，是社会基础设施建设及其维护体系和社会保障、社会福利事业，即社会公共财富，这部分财富的生产和消费体量越坚实合理，社会公共财富的积累越多，对社会的稳定有重要意义；其中部，是民众个人财富的生产和消费体系；其顶部，是科技创新和产业运行和升级体系。其中，中部结构的生产和消费理念决定物质财富生产和消费质量与发展方向，当人们可以更多依靠公共物质财富实现安居乐业时，就会减少聚积私财的心理冲动，以更多精力从事社会公共事业。由此积累和引发的创新技术和新兴产业的形成构成了顶层科技创新发展产业的不断升级。中部和顶层相互促进的运作又进一步更新完善社会基础设施和社会福利的增长，从而形成健康良性的物质财富结构的生生不息创新运行。这是一个社会经济稳定发展不可缺少的财富结构体系，当一个家庭解决了衣食、居住、医疗、教育、交通等生活需求之忧，才可能集中精力开拓新的生产和生活。一个国家的基础设施建设和社会保障、社会服务、社会福利是国家经济运行和民众安居乐业的基本条件，是国家经济顺畅运行和创新起飞的可靠依据。这部分属于公共性质的财富，是社会主义公有制的重要体现，是实现社会主义共同富裕的基础条件，是国民良好的物质财富素质得以建立的物质保障。

3.提高企业家群体社会主义经营理念素质，由创富能力的自强升华到社会公益的自尊

社会生产的发展和剩余产品的增加，将使生产产品更多用于和他人交换而非自己消费，于是生产和消费就产生分离，生产不再是为了自己的消费，生产和消费之间增加了交换环节，当交换无法实现时，产品没有实现交换，生产也就无法变为消费，从而无法成为现实的生产和实现再生产。在资本和劳动的关系中，生产、交换和消费之间又增加了分配环节，即在生产环节内部的初次分配。当资本积累更多财富，而劳动者收益更少之时，社会的贫富对立就会形成对生产过程的阻断和破坏，产生经济危机。

这时，生产目的问题即企业的生产理念的重要性就突显出来；以满足社会有益需求、进行理性生产将获得永恒的发展动力；反之，脱离社会有益需求的生产，如奢侈糜烂的色情低俗的产品和服务，将导致社会资源的浪费和社会经济危机的爆发。其实遵法守规经营才会给企业家带来巨额财富的积累。如何消费和支配这笔财富就成为社会主义制度下市场经济运行的一大亮点。即在国民素质教育中对企业家群体提倡社会公益财富的奉献和积累理念，这是实现社会主义共同富裕美好生活之路，也是实现社会主义制度下企业家物质财富理念的培育和升华的重要工作。

《易经》中"天行健，君子以自强不息"讲的是创富能力的施展，是能力高强的表现；"地势坤，君子以厚德载物"讲的是拥富之后造福社会，是道德高尚的表现，由此可知，施展能力和造福社会的统一，是一个人由能力高强转向道德高尚的价值观的升华，是国民素质特别是企业家素质健康而有尊严的至上境界。

在国民素质教育中对企业家群体提倡社会公益财富的奉献和积累理念，实现社会主义企业家物质财富理念和道德操守理念的升华，是国民财富生产和消费素质建设中面临的必须解决的重大课题。

改革开放实践中，我国民营企业家在接受社会主义思想教育、践行社会主义实践方面都有鲜亮的表现。例如：在2020年新冠肺炎抗疫斗争中踊跃捐款，设立物资基金，参与医院建设和5G网络基站建设，显示了社会主义制度下企业家们的家国情怀和高尚情操。

社会主义制度下的遵法合规企业是物质财富生产的创造者、组织者和运营主体，是社会主义市场经济的重要组成部分，对社会经济发展和财富创造承担着重要责任发挥着重要作用。它们在合规、守法经营的同时，积极参加社会公益和慈善活动，实现企业财富向社会公益财富的转化，把财富用于服务社会的时候，企业的高管们就由展示其创富才能的境界，实现了追求道德修养，实现厚德载物的国民素质至高境界的升华。企业家的物质财富生产和消费素质也就达到了科学和理性的境界。当个人或企业把自己的实践活动与社会的公益事业联系起来时，也就扩大了个人和企业的存在价值，为自身发展开辟了广阔光明的前景。这也是社会主义制度强大的持久生命力的根源。

　　物质财富的生产和消费是人类社会活动的重要内容。树立正确的物质财富理念，不仅关系个人的生活品位和生活质量，而且关系到人类社会的生存发展质量，还会直接影响人类和自然界能否和谐相处。因此，对国民进行"俭用天物"的物质财富生产和消费素质的培养和教化，规范制定物质财富生产和消费的质、量、度的具体条例和政策法规是国民素质建设中不可或缺的重大的理论工程和实践工程。

第二节　家庭伦理关系素质

　　家庭是社会的细胞，夫妻结合繁衍后代形成家庭。家和则家兴，家家和则社会兴，因此，家庭伦理理念的科学和规范建设对于社会的发展和国家的兴旺具有重要意义，讨论家庭伦理理念和行为规范是国民素质建设必须面对的重要课题。

　　家庭幸福兴旺之根基是夫妻关系的稳定与和谐，而婚恋三共识即性的庄重、情的默契和家庭责任担当，则是建立夫妻关系所必要的前提。慎择于始而和顺至终。在此基础上，家庭成员之间将会形成夫妻分工合作，子女既孝又悌。体现家庭伦理本质定位的"亲情互助"的良好家风家规才会得以形成，家和才能万事兴。

一、家庭伦理理念的实质定位是家庭成员之间的亲情互助

家庭伦理理念的实质定位是成员之间的亲情互助，即家庭成员之间以亲情认可为主，友好相处，人人都为家庭的合谐兴盛努力躬耕，努力奉献，这是人类生命最初始、最美好、温馨的情感付出和享受，也是人类社会生存发展的本质要求。

二、家庭伦理关系素质的量的表现

在家庭关系诸多量化因素组合中，主要包含三大内容：一是夫妻关系的稳定与和谐；二是敬老爱幼的理念和行为；三是兄弟姐妹之间友好相处。

1. 夫妻关系的稳定与和谐

人类总有喜新厌旧的本能，但人类也非常真诚地追求稳定的长期的伴侣关系。这使具有人类学意义的母亲和孩子的亲情关系更有保障，使人类种群的生产和延续更有保障。越稳定的感情，越持久的婚姻，也越能满足我们对爱和亲情的需求。

在生活中，"相见恨晚""更合适的伴侣"的出现，人们都可能遇到。这种打碎和重建婚姻的人生成本太高了，因此，生活现实要求伴侣们更深刻地去耕耘已存在的婚姻关系，而不是去发现哪里还有更合适的。在男女交往上做到先贤的古训："发乎于情，止乎于礼。"

夫妻关系的稳定与和谐，总是从婚恋阶段开始，而爱情是人类一种比较复杂的精神需求，必须经过学习才能提高认识。某些事业成功而婚姻失败的人士曾感叹，由于从小没有接受过爱情的学习，学校里不教，家里也不教，因此曾经伤害过爱他的人。那么，在人生青春婚恋阶段应该怎样选择确定终生伴侣呢？实践告诉我们，双方达成婚恋三共识是十分重要的。

（1）恋爱时达成婚恋三共识。

所谓婚恋三共识，即性的庄重；情的默契；承担家庭责任的共识，这是婚恋双方诸多共识中的基本内容，也是婚恋过程中必须达成的基本共识。

性的庄重：是夫妻爱恋情感的体现，是孕育生命的必要活动，因此，既有激情又有节制，是性生活庄重的要义。两性相爱的生理学基础是性发育成熟后异性相互吸引的心理反应，性生活的本质意义是孕育生命、实现生命的延续，是人类生命运行重要而神圣的举动，关乎人类群体延续和生存质量的大事。因此对于两性交往必须保持一种庄严、严肃、认真、纯洁的态度，才能保证婚后家庭生活的稳定与和谐。如果恋爱时把颜值放在首位，追求姿色，实际上是舍本求末，极易造成婚后生活的动荡。古人曾强调"慎娶娇艳之妻"，原因就是内因的不稳定和外因的多诱惑，这样会造成家庭关系的动荡，造成子女后代生理和心理质量的变异。

对性的态度庄重，对孕育后代具有重要意义。我们的祖先对此有真知灼见和严格规矩。例如重视胎教，古代女子怀孕前后都要保持平静的心态和稳定的生活，以保障胎儿的健康发育。现代社会忽视胎教已造成严重后果，除造成生理缺陷外，造成的心理缺陷也明显。曾有一对夫妻，男人是修鞋匠，女人是街道清扫工，但他们的三个孩子都考上了大学，且品学兼优。原因是这对夫妻心态平和、安分守己、家庭稳定。所以孩子从胎教到后期的生活环境都很平和稳定，有利于生理和心理的发育成长。性生活是真爱的需求，性行为的庄重和庄严与否直接影响孕育后代的心理和生理的质量，只有真诚相爱情投意合才会孕育出身心健康人格健全的后代。

情的默契：即心灵感应相通，婚恋双方情趣相投、包容互助，这既有先天性格气质的能否适应，也有调整磨合的后来努力，更有对不同观点的相互包容。判断一段爱情的好坏，要看彼此是否认可对方的优缺点，互相欣赏，互相助力，使彼此成为更好的人。

在情的默契上，即心灵感应相通上，集中体现在价值观的互相认可和沟通。

价值观是三观（世界观、人生观、价值观）的最终和具体的体现。世界观讲的是世界的本源即"有神论"或"无神论"，不同的世界观影响着人们的创造进取或因循守旧的行为倾向；人生观则是对人生目的意义的根本看法和态度，例如：克己奉公，把为社会服务作为人生意义并为之奋斗的人生观。又有以养家糊口为己任安分度日的人生观，还有以损人利己、奢侈腐化作为人生追求的人生观；价值观则是世界观和人生观的具体化。比如奉献社会的人生观，可以把参军参战、保家卫国作为个人价值追求的具体体现；也可以把科技兴国、实现某项科技发明作为个人价值追求；把实业兴国、提高某个产品的质量和市场份额作为个人价值追求；把教育兴国、创办或认真管理某所学校作为个人价值追求；等等。相反，损人利己，追求奢侈腐化的人生观会把积聚财富作为个人价值追求，或者把吃喝玩乐作为个人价值追求，等等。可想而知，两种良莠不同的价值观，是不可能实现情的默契，心灵相通的。夫妻矛盾的根本冲突表现在价值观的冲突，深层原因是由人生观决定的，在具体的价值追求上的冲突。因此，实现生活理念的沟通，实现价值取向的相互认可，是夫妻关系稳定和谐的重要因素。

对家庭共担责任：就是对婚后家庭生活必然产生的琐事杂事带来的劳累做好思想准备，包括放弃以前单身生活随性自由，包括照顾孩子的劳累和操心，包括对夫妻双方父母的关系的磨合与适应，这些都是婚后生活必然要面对的难题和责任。如果没有吃苦耐劳的思想准备，面对生活中的一大堆难题，将会难以适应并发生夫妻间的冲突，甚至造成夫妻情感的对抗和破裂。

以上婚恋三共识是男女结婚、跨入夫妻关系的基本门槛，也是夫妻关系稳定和谐的基本支柱。三支柱缺一不可，都十分重要。

（2）婚后夫妻关系的稳定与和谐。

提倡婚恋三共识基础上的婚姻关系，并不意味着夫妻婚后就不会发生矛盾和纷争。社会上流传的所谓夫妻关系"七年之痒"即夫妻生活到一定时间，彼此之间的优缺点都显露无遗，矛盾冲突也会增多，再加上家务琐事平凡而单调难免会产生烦躁情绪，甚至加剧矛盾。此时矛盾的集中点是对共担责任承诺的坚守与否，要学会尊重、包容对方的个性特点，赞赏、发扬其长处，规避其短处，而不是求全责备，互不相让，使矛盾激化。同时要特别提醒自己在和对方建立婚恋关系时对共担家庭责任的承诺，树立起同甘共苦、共建美好家庭的信念。家庭生活需要外出工作，更需要承担家庭责任。外出工作并不是目的，最重要的是家庭成员之间的亲情互助，相互照顾、相互关心，这种收益会远远超过物质收入。

婚后的夫妻双方仍然要保持积极进步的心态，不断克服自身的缺点，不断创造新的生活内容，保持家庭生活的乐趣和新鲜感。同时，要相互信任，给对方保留一定的生活空间，距离产生美感，从而维持夫妻关系的稳定与和谐。这是社会文明进步的表现，也是家庭稳定、社会和谐的保障。尽管在婚恋三共识基础上形成的婚姻也会产生矛盾和波折，但这只是思想方法上的冲突，并非根本利益和原则上的冲突，所以婚姻基础是稳定的，容易克服生活中的困难和波折，保持婚姻的和谐和稳定。

2.敬老爱幼的理念和行为

敬老，即对长辈经年累月为家庭和子孙的幸福而辛勤劳作所表达的感恩之情，敬老不仅是物质需求上给予照顾，更要在情感上予以关怀。是孝道的具体体现。对年幼子孙要关心爱护，使之身心得到健康成长，这是家长的亲情和家庭希望之寄托，也是为国家培养人才的社会责任，是家庭关系中亲情互助质的定位最生动亮丽的体现。

3.兄弟姐妹之间友好相处

这是家庭关系变数最大的量的组合。在未成年期，共同生活在家长呵护之下，可以保持友好互助的平等关系，成年之后，各自将有自己的家庭和自己的事业，开始独立生活，相互之间的交往会越来越少，但是亲情呵护的血缘联系仍旧存在，兄弟姐妹间，生活相互关心，事业相互砥砺，携手进步，才能使家庭亲情保持更新更高更长远。

在现实家庭关系中，常常出现纠葛不断、矛盾重重，甚至引发家庭分裂、反目为仇的悲剧，《颜氏家训》告诫人们，兄弟姊妹之间应当既像形和影又像声和响，爱护先人的恩泽，顾惜自身的亲情，假若兄弟不和，子侄就不相爱，族里的子侄辈就疏远；族里的子侄辈疏远不亲密，后辈之间就成陌路人了。世人中有的能结交天下之士并做到友爱、却对兄弟不友好，能与众人亲而不能与兄弟友爱，究其原因，概由对婚恋家庭关系实质定位的误知甚或曲解造成的。

三、经营家庭是专业性很强的工作

经营家庭是专业性很强的工作，可是我们很多人并不重视更不专业，所以产生很多偏差。

1. 在恋爱阶段，片面追求颜值、金钱或权势等浅表层的东西，而忽视支撑婚恋关系稳定和谐的三支柱。因此，婚后出现性的审美疲劳，夫妻性格志趣差异加大、矛盾加剧，对担当家庭责任更无心理准备，因此闪婚闪离，吵吵闹闹的婚姻关系屡见不鲜，这既有封建意识的影响造成的男女授受不亲，自由恋爱意识和行为几近空白的历史原因，更重要的在于对男女结合、组成家庭这一人生重大事件包含的意义和后果缺乏客观科学的认识和理论表述，由此，面对决定其终身命运的婚姻抉择内心茫然、无所依从，也就产生了草率冲动、感情用事的局面。解决这一课题，决非小事，应明确婚恋关系的价值定位，认可自由恋爱的合法和必要性，无论父母之命或媒妁之言，都要提倡允许男女双方的自主选择、理性决策，排斥金钱、权势、颜值等肤浅观念，力求在婚恋三共识上形成共识，从而保证婚后关系的稳定和谐。

2. 婚后的家庭关系中，家庭小船掌舵人的确定存在盲区，常常是谁强势谁就当家，或者是互不服气、争执不休。在许多家庭中，大男子主义遗风未散，男子又要主外，还想主内，既劳累又力不从心，而女性则无当家之意识，于是家庭小船处于无舵状态，其运行质量低和动荡程度高也就是常态了。

家庭关系在其繁衍运行、生生不息过程中总会受内部和外部因素影响，因此，必须有合适的掌舵人，其间具备主导和稳定作用的无疑是夫妻双方的倾力合作，其中妻子的影响力和稳定作用显得更重要。由于男女生理特征的差别，夫妻之间在家庭角色上会有天然的分工，男人骨骼和肌肉强壮，应担负家庭安全和财富创造的责任，即男主外；而女性，则要在孕育、哺育、养育、教育子女和家务劳作上付出更多精力，即女主内。因此，妻子对子女和家务事的影响力、话语权和支配力更大，一个家庭女主人的素质将决定这个家庭的生存质量，因此，妻子成为家庭关系的掌舵人应合天理，也合人情。

3. 夫妻分工合作是家庭关系必须合理解决的内容。在家庭事务中，主内或是主外，本是必须而正常的分工，二者对于家庭生活都很重要。但是，长期的封建意识影响，往往认为男主外高于女主内，对于主内的劳动不予重视，致使家事管理处于情绪化、随意性的状态。其实，操持家务是一项技术性、理论性很强，具有系统内容和高道德修养的家庭关系协调活动。对于家庭的稳定和谐具有重要的意义。首先是对男主外活动的后方支持，只有家中稳定和睦，男性才能专心、放心在外开拓打拼，男性的成功离不开家庭女性主内的支持。其次，养育子女、照料老人，责任重大，良好的家庭教育和家庭生活对于子女心理和生理的健康成长至关重要，这对主理家政提出了道德修养和教子有方的至高要求。最后，家庭理财和生活调理，是家庭稳定和睦的基础工作，具有经常性和不断更新变化性，要求主理家政必须精打细算、统筹安排，其工作的经济运筹水平和辛劳程度是可想而知的。还有其他许多事情，如家族和邻里关系的交往等，可见，把主理家政作为国民素质的重要而必须的内容予以肯定，并从理论和实践规范上进行系统科学化的表述，对于提升家庭生活质量、提高国民素质是一项十分重要的工作。

不少国家都十分重视家政管理知识的教育，有学校的专业教育、社区活动也常开展这样的教育。据最新报道，河南省已核准成立河南女子职业学院，该校专科层次全日制普通在校生规模暂定为五千人，将开设学前教育、音乐教育、美术教育、电子商务、社会工作五个专科专业，这是重视家政管理教育，培养高素质家庭女主人的重要举措。

随着主理家庭的理论与实践日臻科学化、系统化，女性主理家务的能力和知识也会得到全面提高。无论道德修养、置业理财、相夫教子、奉养高堂、料理家务还是琴棋书画、才艺修养，都会带来女性素质的全面升华，而这又会促进主理家务质量的不断提高。主理家务对于一个家庭，对于社会质量提升的重要性将日益凸显，成为保障家庭幸福、社会进步的重要工作。女性的作用得到实现，女性的解放将成为依靠自身的实力支撑的社会现实。

人类远古时期，就是母系氏族社会，只是由于经年征战，男性的强悍占据了主导地位，成为社会的统治者，进而又形成夫为妻纲、男尊女卑的封建专制理念，使妇女地位被贬斥的同时，其个人素质也极度退化。女子无才便是德，进而殃及家庭关系的被扭曲。试想，一个缺乏亲情呵护和女主人温暖管理的冷漠家庭关系中，会养育身心健全的子女吗？

因此，实现男女平等，保障妇女权益，是人类历史的重大进步；承认男女家庭角色分工，进而承认女主人的家庭管理主导地位，是人类家庭伦理认知观念的重大进步。唯如此，家庭关系中亲情呵护需求被扭曲甚至缺失的状况，才可能得到纠正。家庭关系中，质的体现、量的组合和度的把握的合格操作者，即女子执政才会实至名归。

家庭生活中主内、主外的分工合作并非绝对化，也会有女性在某项专业方面天赋能力很强，能与丈夫比翼齐飞，共创事业成功的美谈。也会有女性事业很成功而忽略了家庭，造成家庭破裂的事例。但整体来讲，在孩子幼小时母亲多倾注些家务，对于孩子成长、家庭的和谐都是必要而有益的，而且当孩子长大成人可以独立生活工作时，母亲重振威风，进入职场奋斗也不失为美好的选择。

我国传统伦理历来重视家庭和谐和稳定的教育，其中有不少经典的家训、祖训。对于正门风、兴正气、培养人才起到了不可觑视的作用。其中影响比较大的是《朱子家训》，其作者朱用纯，学问渊博，一生研究程朱理学，主张知行并进，其著作《朱子家训》最有影响，三百年来脍炙人口，家喻户晓，原文如下：

朱子家训

黎明即起，洒扫庭除，要内外整洁。

既昏便息，关锁门户，必亲自检点。

一粥一饭，当思来之不易；

半丝半缕，恒念物力维艰。

宜未雨而绸缪，毋临渴而掘井。

自奉必须俭约，宴客切勿留连。

器具质而洁，瓦缶胜金玉；

饮食约而精，园蔬胜珍馐。

勿营华屋，勿谋良田。

三姑六婆，实淫盗之媒；

婢美妾娇，非闺房之福。

童仆勿用俊美，妻妾切勿艳妆。

宗祖虽远，祭祀不可不诚；

子孙虽愚，经书不可不读。

居身务期质朴，教子要有义方。

勿贪意外之财，勿饮过量之酒。

与肩挑贸易，勿占便宜。

见穷苦亲邻，须加温恤。

刻薄成家，理无久享；

伦常乖舛，立见消亡。

兄弟叔侄，须多分润寡；

长幼内外，宜法肃辞严。

听妇言，乖骨肉，岂是丈夫？

重资财，薄父母，不成人子。

嫁女择佳婿，毋索重聘；

娶媳求淑女，毋计厚奁。

见富贵而生谄容者，最可耻；

遇贫穷而作骄态者，贱莫甚。

居家戒争讼，讼而终凶；

处世戒多言，言多必失。

毋恃势力，而凌逼孤寡；

勿贪口腹，而恣杀牲禽。

乖僻自是，悔误必多；

颓惰自甘；家道难成。

狎昵恶少，久必受其累；

屈志老成，急则可相依。

轻听发言，安知非人之谮诉，当忍耐三思；

因事相争，焉知非我之不是，须平心暗想。

施惠勿念，受恩莫忘。

凡事当留余地，得意不宜再往。

人有喜庆，不可生妒嫉心；

人有祸患，不可生喜幸心。

善欲人见，不是真善；

恶恐人知，便是大恶。

见色而起淫心，报在妻女。

匿怨而用暗箭，祸延子孙。

家门和顺，虽饔飧不济，亦有余欢。

国课早完，即囊橐无余，自得至乐。

读书志在圣贤，非徒科第。

为官心存君国，岂计身家？

守分安命，顺时听天；

为人若此，庶乎近焉。

又如，曾国藩家训也有诸多名句，对后世影响极大。曾国藩是晚清第一中兴名臣，湘军的创立者和最高统帅，后世曾誉为"千古第一完人"，被梁启超称为立功、立德、立言三不朽，是清朝历史上汉族文人为官的最高者。曾国藩一生以创立湘军，开启中国近代洋务运动以及在识人用人方面的卓越成就而为世人所熟知。现摘录部分《曾国藩家训》以飨读者：

不可积钱买田而应努力读书。"银钱田产最易长骄气逸气，我家中断不可积钱，断不可买田。尔兄弟努力读书，决不怕没饭吃，至嘱！"

读书可以变化人的气质。"人之气质，由于天生，本难改变，惟读书则可变化气质。古之精相法者，并言读书可以变换骨相。欲求变之之法，总须先立坚卓之志……，古称'金丹换骨'，余谓立志即丹也。"

须在五十岁以前将应看之书看完。"余以生平学术百无一成，故老年犹思补救一二。你兄弟总宵在五十以前将应看之书看毕，免致老大伤悔也。"

但愿子孙为读书明理之君子。"凡人多望子孙为大官，余不愿为大官，但愿为读书明理之君子。勤俭自持，习劳习苦，可以处乐，可以处约，此君子也。余服官二十年，不敢稍染官宦气习，饮食起居，尚守寒素家风，极俭也可，略丰也可，太丰则吾不敢也。"

史上著名清官包拯所留《包拯家训》可谓传家至宝，字字珠玑，对子孙有很强的教化、指导作用。包拯告诫后世子孙，当官不得贪赃枉法，否则开除族籍，不准再回包家；死后，不得入葬包氏祖坟；不遵家训，不从吾志，就不承认他为包氏子孙。其原文为：

"后世子孙仕宦，有犯赃滥者，不得放归本家；亡殁之后，不得葬于大茔之中。不从吾志，非吾子孙。"

包拯嘱咐家人，把《家训》刻石，竖立在堂屋东壁，警诫后人。

抗日革命烈士赵一曼牺牲前写给儿子的家书感人至深，赵一曼1926年加入中国共产党，并赴苏联学习。"九一八"事变后，赵一曼被党组织派往东北从事抗战工作。1935年11月，在反日伪军"讨伐"战斗中，赵一曼率部与日军激战，不幸受伤被俘。1936年8月2日，在黑龙江珠河县（今尚志市）英勇就义。在牺牲前，赵一曼给儿子写下了催人泪下的遗书，原文节录如下：

"宁儿，母亲对于你没有尽到教育的责任，实在是遗憾的事情，母亲因为坚决地做了反满抗日的斗争，今天已经到了牺牲的前夕了，母亲和你在生前是永久没有再见面的机会了，希望你，宁儿啊，赶快成人，安慰你地下的母亲，我最亲爱的孩子。母亲不用千言万语来教育你，就用实行来教育你，在你长大成人之后，希望不要忘记你的母亲是为国而牺牲的！"

在家族族训方面，也有很多经典名言，如《覃氏家族族训》：

发上等愿，结中等缘，享下等福。
择高处立，就平处坐，向宽处行。

这些流传于世的家书、家训、族训等都是中国传统文化的宝贵财富，其包含修身、齐家、礼仪、教化、爱国等中华传统文化，许多家书、家训、族训表现出了书者的道德操守、独立人格和自由思想，他们普遍主张立德为先、修身齐家、治学入世、为人处事等道德品质和价值观念的养成教育，与社会主义核心价值观有着高度的一致性。

婚丧嫁娶规矩、规范也是家庭伦理素质的重要内容。在人类远古时代，是没有婚丧礼仪的，中华传统婚丧礼仪起源于周代，是社会人生礼仪的重要组成部分，因此，重视并规范婚丧嫁娶等礼仪活动的程序和规矩，对人生安顿和社会和谐具有重要意义。

婚庆礼仪：结婚是人生历程的重要事件，是家庭组合的重要门槛。婚礼是人生跨入婚姻门槛的重要仪式，表明喜结连理的一对新人对对方的庄重承诺，在喜乐的同时，更要体现双方婚约的慎重和坚定信念。

丧葬礼仪：丧葬礼仪是生者对逝者的人伦情

感，是表达生命尊严，进而体现生命的意义，在教化子孙后代等方面具有重要作用，其核心是敬畏之心，感恩意识和孝亲敬老观念的培养。丧礼是一个人生命的最后一件大事，也是生者给逝者所能尽的最后一次人间义务，对维护传统道德伦理至为重要。

无论婚庆还是丧葬，都需制定庄重节俭严谨的婚丧礼仪规范，早在古希腊时期，雅典执政官梭伦就对婚丧嫁娶中的铺张浪费行为进行整肃，对于婚礼仪式或丧葬仪式的规模和形式都做了严格规定，无论富人或穷人都必须遵守，超出规定的铺张行为将受到惩罚。这种对婚丧嫁娶礼仪的改革，对于整肃社会习俗、提倡节俭的社会风气、缓和贫富矛盾起到了极好的作用。

当家庭或家庭成员关系定位通过家训、族训、乡规民约和家长言传身教，成为家庭成员行为规矩质的量的体现，家庭伦理素质的提高和升华将会带来良好的社会效果，家庭作为夫妻共享爱情的巢穴、孕育生命的摇篮、培育人格品性的暖房，经历风雨和避险疗伤的港湾、生命历程的出发地和归宿，万千家庭将会人才辈出，家庭兴旺和社会发达将指日可待。

第三节　职场伦理关系素质

　　职场是物质财富的生产和聚积之地，也是物质财富的分配交换之地，更是职场参与者利益博弈分享之地。实现职场平稳和可持续运行，是人类长期面临的难以解决的课题。因此讨论职场伦理关系的理念和规范将有助于这个难题的破解。

　　职场伦理理念的质的定位是"各尽其能，合作共享"。当职场参与者都能发挥自己的才能，施展自己的优势，社会的创造力就会奔涌而出；当职场参与者都能良性处理利己和利他的关系，社会生产就会实现合作共享、共同富裕。

一、职场伦理理念的质的定位是"各尽其能，合作共享"

　　职场伦理关系即人们从事商品生产和商品交换所形成的人际关系，主要指的是工场、市场和其他交易场所所形成的人际关系。

职场中的人际关系质的定位是"各尽其能，合作共享"的关系。

各尽其能：即人人都能发挥其天性特长和聪明才智，例如，擅长工艺操作者，可以精雕细琢成为大工匠；长于创新发明思维者，可以投身科学研究为社会贡献更多科研成果；具备企业管理才能者，可以组织团队，创办各类实体和服务型企业；喜欢文学艺术创作和表演者，可以发挥其特长为社会奉献精彩丰富的文艺作品，等等。当人们都能发挥其潜能和特长时，社会将呈现百花齐放、百家争鸣，创新创业的勃勃生机。

合作共享：则是相互帮助，取长补短，共享成果。当一个人发挥展示其才能时，必然离不开社会和其他人的协助。如企业管理者离不开员工的合作；科学家离不开具体操作工匠的配合；医生离不开护士；歌唱家离不开乐队，等等。所以，在强调个人各尽其能的同时，必须重视个人之间的相互帮助、合作和共享。

各尽其能，使个人的能力得到充分发挥体现的

是效率，而合作共享，则是个人能力充分发挥基础
上的相互合作和共享成果，体现的是公平。

这就使职场关系实现了效率与公平的统一，使
经济活动具有了可持续性和持久动力，是维持经济
活动的稳定和可持续发展的保证。

二、职场伦理关系的被扭曲和重新肯定

在职场伦理关系中，这种本质的界定从简单工
坊操作到资本主义大机器工厂。却一直没有得到理
性的量的组合和实现。首先，在资本主义制度下，
劳动和资本是不平等的，劳动受资本压抑剥削，劳
动者受教育和发挥才能的机会和条件极其有限，因
此，想要实现职场伦理中"各尽其能"的要求几乎
是不可能的。其次，在"合作共享"的伦理要求上，
这种质的要求是常常通过职场资产所有者和职场员
工之间的利益博弈才能得到些许实现。这是因为企
业主的生产资料私有的存在，影响或决定了他从资
本的利益出发，谋取更大化的利益，这就必然会侵
犯员工的利益，于是劳资双方形成了利益冲突关系。

由于企业主掌握着资本的所有权，处于强势地位，职场员工的权益总是被侵占，以致形成资本原始积累时期野蛮的血汗工资制，形成资本压榨侵害劳工权益的历史罪恶。在造成资本财富积累的同时，又造成贫穷的积累。一方面是生产过剩，另一方面社会购买力枯竭，这种量的组合对质的定位的背离，其结果就是社会经济活动的供需平衡的链条产生断裂，产生生产过剩的经济危机。随之，又会引发社会危机，形成严重的阶级对立和斗争，造成社会发展的停滞甚至倒退。

理念的辩证法，是客观辩证法的反映。社会主义理论提示了人类必然走向公平、正义的辩证法则，这是站在全人类共同利益高地上形成的科学理性认知，是超越私有资本嗜利属性限制的思想境界的升华，是由个人小家庭的存在跃升到民族和全人类大家庭客观物质存在的逻辑结论。这是马克思理论横空出世的客观物质基础，他科学周密地揭示了资本对劳动的剥削和压榨，指出只有建立社会主义制度才能实现劳动者的解放，实现个人素质的全面发展和实现各尽其能、合作共享的职场伦理内在的本质的要求，实现人类社会和谐和可持续发展。

　　但是，这种职场伦理内在本质的要求，在量的组合上应是何种体现呢？建立社会主义制度是否意味着消灭企业私有制，建立清一色的公有制企业就大功告成了吗？社会主义的实践并不支持这种观点，因为大量的事例已经证明，公有制企业也会产生以权谋私、侵害国家和劳动者权益的背离社会主义原则的当权者。对于目前备受推崇的现代企业制度，如股份制，马克思也一针见血地指出它的弊端，即股份制企业的控股高管们在挥霍浪费股东们的资产，在奢侈腐化方面，比大地主和资本家更少顾忌、更胆大妄为。马克思的批判在现今股份制企业中也是屡见不鲜的事实。与此形成对照的是，在社会主义制度下的企业中，却涌现出许多爱国敬业、遵纪守法、维护国家和劳动者权益的优秀的公有和民营企业家。在技术创新、新兴产业的创业方面，公有和民营企业也在发挥着重要的作用。

　　于是一个现实的问题摆在我们面前。在社会主义制度下，在巩固发展公有经济主导地位的同时，也要鼓励支持个体和民营等非公有经济的发展。显然，这是符合社会历史发展规律的正确选择，也是实现"各尽其能，合作共享"理念的有效途径。对此，我们可以回到生产力和生产关系辩证原理中寻找答案。

辩证唯物主义理论告诉我们，生产力决定生产关系，生产关系必须适应生产力的发展要求，那么生产力有哪些发展要求和特征呢？

长期以来，我们只是强调生产力对计划和比例具有客观要求。但是，仅仅强调生产力对计划和比例具有依赖性是不够的。因为它不仅不能全面反映生产力的基本特性，而且影响我们对经济体制改革实践的深入理解和引导。

社会主义的实践已经提示我们，在肯定生产力对计划和比例具有依赖性原理的同时，也必须强调生产力还有另一方面的要求，即生产力对计划和比例具有排斥性。承认生产力的这种特性，对我们全面认识生产力的发展要求，认识社会主义生产关系的特性和功能是十分必要的。

所谓生产力对计划比例的排斥性，指的是生产力具有经常打破既定的计划和比例规定，而实现自身新的充满活力的发展特性。它是生产力内在矛盾运动过程的一个重要特征。

生产力的发展表现为生产力诸要素之间对立统一的矛盾运动。当生产力诸要素协调组合的时候，构成了生产力实体及其运动。当生产力诸要素中的一个要素发生变化的时候，生产力实体的旧的组合式就会破裂，生产力诸要素会根据各自新的特性要求实现新的组合。从而生产力实体及其运动就呈现出新的态势，构成了生产力不断由低级向高级发展的运动过程。

然而，生产力发展的这种运动过程却是在大量的偶然现象中表现出来的。生产力在必然规律支配下的偶然发展的特性决定了生产力对计划和比例具有排斥性。

第一，生产力诸要素的组合是根据生产力要素的特性所决定的比例关系的有机组合。这种比例随着生产力各要素的带有偶然性质的突变和发展，必然会被新形成的生产力要素所决定的新的比例所取代。这种旧的比例不断被取代的必然趋势，表明了生产力对既定的比例具有排斥性。

第二，生产力对既定比例的冲击造成生产力组合式内在比例关系的不断变更，又决定了生产力对既定计划同样具有否定和排斥的倾向。因为，所谓计划就是在一定时期内对工作预先拟定所要达到的指标和实施步骤。它只能以现实的既定的生产力组合式及其生产能力为依据。但是，生产力的发展却不会由于计划的规定而循规蹈矩。生产力旧的组合式比例的不断更新从而形成新的能力，必然冲击既定计划的规定，要求计划随变化了的生产力进行自我否定或修订。这样生产力对既定计划具有不断否定的趋势，表明生产力对计划具有排斥性。

生产力对计划和比例具有排斥性表现为两种形态：一是渐进的排斥和否定形态；二是激烈爆发形态。

当生产力的排斥性处于渐进状态时，它不断在局部范围内排斥和否定着既定的计划和比例。这时，它在积蓄着自己的排斥力。当这种排斥力发展到一定的强度时，它就会产生对旧计划和旧比例体系的猛烈冲击，形成生产力排斥力的爆发，从而造成生产力旧组合式的破裂，为新的生产力诞生开辟道路。

在单个生产体范围内，生产力的排斥力先是表现为局部操作工艺或技术设备的不断改进，进而积蓄为对旧的生产力组合式的旧的比例关系的否定并带来新的生产力——新的计划和比例基础上的劳动组合式的产生。

当生产力对计划和比例的排斥性在全社会生产范围发生作用时，在其渐进状态中，表现为社会生产范围的个别计划和比例关系的不断被否定，以及社会经济结构的局部失调和更新。当这种否定过程达到一定的临界点，就将引起全社会生产比例和计划的被打破和社会经济结构的重新调整。于是，在新的生产结构中，生产力的排斥性以新的力度又开始了新"排斥"过程。这样，生产力排斥性的不断发展和爆发，外化为生产力的发展。而生产力的发展又愈发增加着生产力的排斥强度，使生产力的排斥性发挥作用的范围和深度不断扩大，其爆发周期日益缩短，从而造成生产力的更新发展。

由此可见，生产力对计划和比例具有排斥性，是生产力得以适应自身要素的变化，从而不断实现自我扬弃，自我发展的一个重要机能。

生产力对计划和比例具有排斥性，也是生产力得以适应客观条件的变化，从而保特自身存在和发展的重要功能。

生产力作为社会生产的客观实体，它的存在只有在生产过程中才能表现出来，而社会生产的顺利进行又取决于生产和消费的有机结合，生产决定消费，消费又反作用于生产。而在动态的分析上，消费的变化总是决定着生产变化的趋向。并且伴随生产发展而产生的各种新的需要也总是超过引起这些需要的生产力的发展。这又决定了实现生产和消费的有机结合常常表现为生产对消费变化的追随。而能否适应消费需要及其变化也就成为生产能否顺利进行，进而决定生产力能否存在和发展的关键所在了。

为了实现生产和消费的有机结合，社会生产必须具有灵活的应变能力，及时向市场推出适应消费变化趋势的新产品。而产品的变化实际上就是生产力诸要素的内容和组合式的变化的体现。当一种新的产品出现的时候，意味着生产力旧的组合式的破裂和新的组合式的形成。这表明，生产和消费的矛盾运动的发展和变化，要求生产力必须具备对计划和比例的排斥机能，它必须常常打破既定计划和比例的束缚去追求和适应消费需求的变化，实现生产和消费的有机结合，从而保持自身的存在和发展。

在社会生产结构中，由于个别企业技术的进步，也会引起与之相联系的一系列企业生产规模和产品品种的变化。这就又从生产的角度要求生产力必须具备对计划和比例的排斥机能。要求它随着社会生产结构的变化不断变更单个企业生产力组合式以适应客观生产条件的变化，求得自身的生存和发展。

生产力对计划和比例具有依赖性，反映了生产力诸要素得以相互联系，相互依存形成生产力实体的客观要求。没有合理的计划和比例，生产力诸要素就无法结合起来形成有效的生产能力。社会生产也会陷于混乱。因此，任何生产力都具有对计划和比例的依赖性。在生产力发展水平较低的时候，突出表现为单个生产力实体对计划和比例的依赖性。当生产力发展到社会化大生产阶段时，则表现为不仅单个企业而且整个社会生产对计划和比例的依赖性。

　　而生产力对计划和比例的排斥性则反映着生产力诸要素之间互相否定，互相排斥从而推动生产力实体演变发展的客观要求。没有这种排斥作用，旧的生产力就无法被否定，无法实现其"扬弃"过程。生产力的运动就会僵死，社会生产的发展也将是不可能的。因此，任何生产力都具有这种排斥力，只不过表现的排斥强度不同，由量的积蓄到质的爆发时间长短不同而已。

　　生产力对计划和比例的依赖性和排斥性同时存在于生产力矛盾运动全过程，是生产力内在矛盾运动不同侧面的表现。前者表现了矛盾的同一性。后者表现了矛盾的斗争性。矛盾的同一性和斗争性不可分离的原理告诉我们，生产力的发展既离不开相对稳定的计划和比例，又要求计划和比例具有灵活性和可变性。孤立地强调生产力对计划和比例的依赖性，会把生产力的内在矛盾要素看成绝对相等，形成管得过多过死的计划管理体制，窒息生产力的发展活力。而片面强调生产力对计划和比例的排斥性，又会把生产力内在矛盾要素对立起来，造成生产力要素无法形成有机结合、稳定运动的后果，导致人力物力的浪费和生产力被破坏。因此，只有从生产力对计划和比例的依赖性和排斥性的统一中，才能形成对生产力发展特性的较完整的认识。

确立以上认识，将为我们提供一个分析观察经济改革培育并实现国民素质升华所必要的理论立足点。

三、社会主义制度助力职场伦理关系质的定位得以实现

1. 生产力和生产关系矛盾运动表现为生产力对生产关系的决定作用和生产关系对生产力的能动的反作用所构成的对立统一运动。从生产力角度看，生产力在对计划和比例既依赖又排斥的辩证过程中才能得到不断发展，从而产生了对生产关系的必然冲击并最终决定生产关系的必然变革。显然，在这种矛盾运动中生产力对计划和比例的不断排斥和否定机能是生产力不断突破生产关系旧的框架，求得自身发展的原动机制。从生产关系角度看，生产关系优越与否，不仅看它能否满足生产力对计划和比

例的依赖性要求，同时还要看它能否满足生产力对计划和比例的排斥性要求，并不断促使生产力组合式的更新和发展。后一点对于生产力的发展尤为重要。

生产力的发展，意味着对旧的计划和比例关系的突破和排斥，意味着新技术、新产能的不断更新。社会主义制度为广大劳动者提供了各尽其能，展示才华，创新、创业的广阔舞台，而创新、创业总是表现为人的灵感的创意，或组建新企业的创业冲动，这也就意味着大量的由个人或合伙人筹建的民营企业应运而生。这样，个体或民营企业就会成为大众创新、万众创业、经济发展的强大推动力。面对由广大民众的热情创新、创业涌现出的大批量的中小微企业，甚至大型企业的出现，虽然他们不是也不可能都是由行政规划产生的公有制企业，但他们却是中国特色社会主义制度下生产力内生运动的重要表现。承认、支持并保护各种新生生产力的发展，应该是社会主义生产关系先进性的一个重要表现。党的十九大报告提出："人才是实现民族振兴、赢得国际竞争主动的战略资源。要实行更加积极、更加开放、更加有效的人才政策，以识才的慧眼、爱才的诚意、用才的胆识、容才的雅量、聚才的良方，把党内和党外、国内和国外各方面优秀人才集聚到党和人民的伟大奋斗中来，努力形成人人渴望成才、人人努力成才、人人皆可成才、人人尽展其才的良好局面，让各类人才的创造活力竞相迸发、聪明才智充分涌流。"显示了社会主义制度下落实职场伦理的"各尽其能"素质对社会经济发展强大的推动力。

因此，在坚持公有制为主体的同时，承认民营企业也是社会生产力不断突破旧的计划和比例实现新的发展的客观存在，是社会生产发展对"各尽其能，合作共享"职场伦理原则的认可和支持，也是社会主义制度下职场伦理素质得以全面发展升华的制度保证。

2. 公有制和多种所有制共同存在和发展，并不会自动产生社会主义的经营理念，必须对经营管理者和企业员工进行社会主义思想的教育和灌输，才能实现"各尽其能"与"合作共享"理念的有机联系，使社会主义职场伦理理念得到全面实现。

社会主义制度为国民提供了公平和优越的教育成才的机会和条件，同时又为各类人才展示才干提供了充分和严谨的制度安排，使职场伦理素质"各尽其能"的要求得以实现。但是无论公有制或是其他所有制，当人们各尽其能、创新创业、创造财富的时候，并不会自发的产生"合作共享"的思想理念，因为这不仅是一种思想方法更是一种思想境界，即，把展示才干同造福社会相联系，实现职场伦理观念完整结合。

那么，怎样才能完成这种理念的提高和升华呢？这仍然需要求助辩证唯物主义理论的力量。

辩证唯物主义包含两大经典论点，一是存在决定意识；二是意识对存在具有强大的反作用力。前者是人类正确理念得以产生的基础和条件，后者是人类认识客观规律的最终目的和历史使命。这是辩证唯物主义强大生命力的表现。人类一旦认识客观真理，就会产生强大的精神力量，形成对人类自身的思想改造和能力再造，形成人类改造客观世界的主观能动作用力量，而这正是我们理解和构建社会主义社会宏伟事业的理论指导。

　　人们的客观存在表现为多种形态，主要表现为两种形态，即大局域存在和小局域存在。所谓大局域存在指的是社会和自然界的存在，小局域存在指的是家庭和职场的存在。不同局域的客观存在会对人的思想和行为产生不同影响：家庭和职场的私有存在会产生自利意念；私有企业主会产生嗜利和欺压劳工行为；而社会和自然环境大局域的客观存在却昭示人们要具备合作共享的理念和行为。一个人的生存发展离不开社会和自然界的恩泽，如果只是索取谋求私利，必然造成社会矛盾，必然造成环境污染破坏生态平衡，最终危害个人的生存发展。大局域意念反映了人类命运共同体的根本利益，而小局域意念只是个人私利的表现，是本能的低级欲念的表现，个人私利只有挣脱小局域存在的局限，站上大局域存在的高度，实现思想理念的升华和跨越，个人私利才会在和他人的合作中实现共享。大局域意念和小局域意念相互影响，究竟谁占上风，取决于政权和制度的性质。在私有制为主导的政权制度中，保护私人资本的意念占主导地位。因此，大资本、大财团恣意矫横的情况仍然作为合理合法存在，并不断地侵害着广大劳动者的利益。而社会主义政权和制度则站在全体人民利益的高度践行"人民至上"的理念，有效引导小局域意念向大局域意念升华，实现社会的公平正义，共同富裕。

马克思站在人类社会整体利益和自然界大局域的高度昭示了人类命运的必由之路，创立了撼动旧世界建立新世界的社会主义理论。**先进的理论一旦产生，就会形成强大的改造旧世界的精神力量。社会主义事业就是这样一个用先进的思想理论改造旧世界的不断革新创新的过程。**在社会主义政权建立之后，在社会主义理念的教育感召下，非公企业主就可能挣脱自身小局域存在藩篱，站在大局域高度承担社会责任、关心生态平衡、尊重劳工权益、热心公益事业，成为社会主义理念践行者的企业主。这是物质决定意识，意识又反作用于物质之辩证法的雄辩结论，也是社会主义共同富裕理念强大生命力的胜利。

但是，在社会主义制度下，仍然有不少公有或非公有企业的当权者会产生背离社会主义理念，走向以权谋私的资本主义邪路。这将是社会主义制度建设过程长期存在的现象，这种现象与私有制的留存即家庭私有制的存在有很大关系。

我们知道社会主义制度下形成了公有制为主体，多种所有制共同发展的经济体制，但对私人家庭的改造却是鞭长莫及的。其实，家庭局域对人的认知意识影响也是很强的，当人们走出家庭进入社会、进入职场时，怀抱的信念往往就包含着"养家糊口"的私念，而且当他们中的一些人成为公有制企业当权者，而其思想理念仍然未能摆脱家庭私利的影响，为了个人和小家庭的利益就极容易爆发私欲，成为以权谋私、假公济私的腐败分子，成为社会主义事业的破坏者。某省财政厅一位副厅长工作能力很强，也很有业绩，但是在子女出国留学时因资金紧张，就收受了利益方贿赂，违规将有关业务发包给对方，给国家造成了经济损失和政治上的恶劣影响，他也因此受到了应有的惩罚。这种为了家庭利益，一念之差走向犯罪的事例屡见不鲜，这也是社会主义制度建立之后，还会在官场和职场中产生腐败分子的一个重要原因。可见，如何处理小家和大家的关系在人的一生中始终是难以回避的严峻课题。与此相反，有良好的家风和家教的家庭，其家庭成员就会形成正派正直的处世态度，成为社会上的有用人才。家庭环境对人的思想意识的熏陶和形成具有重大影响，重视家庭教育，重视优良家风的形成和培育是国民素质教化提升的极其重要的工作。

由此可知，公有制企业并不会自发产生社会主义企业管理者，而需要革命理论的灌输和社会主义法律法规的约束监督，才能提高升华保持其公有制主人翁意识；同理，私有企业也不会自发产生社会主义经营理念，同样需要革命理论的教育和社会主义法律法规的约束监督。

我们由此可以得出结论，社会主义理论是人类认知客观世界发展规律所形成的符合人类美好生活愿望的先进思想成果。社会主义社会的建设过程就是一个用先进思想成果反作用于旧世界、改造旧世界，建设新世界的伟大工程，是一个对国民的本能欲望和自利心理进行科学理性的定质、定量教化和规范改造的过程。党的十九大指出："要完善政府、工会、企业共同参与的协商协调机制，构建和谐劳动关系。坚持按劳分配原则，完善按要素分配的体制机制，促进收入分配更合理、更有序。鼓励勤劳守法致富，扩大中等收入群体、增加低收入者收入，调节过高收入，取缔非法收入。坚持在经济增长的同时实现居民收入同步增长、在劳动生产率提高的同时实现劳动报酬同步提高。拓宽居民劳动收入和财产性收入渠道。"这些重要的制度设计和安排，对于提高国民"合作共享"的思想境界，实现"各尽其能"和"合作共享"职场伦理素质的有机衔接具有重要的制度保证作用。

中共十九届四中全会明确提出我们党成立100年时，在各方面制度更加成熟更加定型上取得明显成效；到2035年，各方面制度更加完善，基本实现国家治理体系和治理能力现代化；到中华人民共和国成立100年时，全面实现国家治理体系和治理能力现代化，使中国特色社会制度更加巩固、优越性充分展现。对此，我国专家学者进行了热情点评，现摘录如下：

显著优势：全会强调，我国国家制度和国家治理体系具有多方面的显著优势。包括坚持党的集中统一领导，坚持党的科学理论，保持政治稳定，确保国家始终沿着社会主义方向前进的显著优势等13个方面。

中央党校（国家行政学院）教授严书翰表示，这13个方面的显著优势，是对我国国家制度和国家治理体系的一次科学、系统、客观的全面总结，全面揭示了中国特色社会主义科学制度体系的优越性，也标志着我们党对于国家制度结构和体系功能的认识不断深化。这些显著优势，就是我们坚定中国特色社会主义道路自信、理论自信、制度自信、文化自信的基本依据。

党的领导制度体系：全会提出，坚持和完善党的领导制度体系，提高党科学执政、民主执政、依法执政水平。

中国行政体制改革研究会副会长许耀桐表示，全会明确提出坚持和完善党的领导制度体系，具有标志性意义。中国特色社会主义制度强大生命力、巨大优越性最集中的体现，就是中国共产党的领导。必须健全总揽全局、协调各方的党的领导制度体系，把党的领导落实到国家治理各领域各方面各环节。

人民当家做主：全会提出，坚持和完善人民当家做主制度体系，发展社会主义民主政治。

中国社会科学院政治学研究所研究员房宁说，社会主义社会是人民的社会，社会主义国家是人民的国家。中国特色社会主义政治发展道路，是中国历史激越变革、激荡发展的必然选择。实现人民当家做主，关键是要坚持党的领导，集中人民的智慧，凝聚人民的力量，确保人民依法通过各种途径和形式管理国家事务。

依法治国：全会提出，坚持和完善中国特色社会主义法治体系，提高党依法治国、依法执政能力。

中国政法大学校长马怀德说，全会提出坚持依法治国、依法执政、依法行政共同推进，坚持法治国家、法治政府、法治社会一体建设，同时强调要健全保证宪法全面实施的体制机制、完善立法体制机制。这标志着全面依法治国的制度体系，将从宪法制度、立法制度、社会公平正义的保障制度和监督制度等方面不断完善。

政府治理体系：全会提出，坚持和完善中国特色社会主义行政体制，构建职责明确、依法行政的政府治理体系。

马怀德说，行政体制是国家治理体系的重要组成部分，全会强调要坚持完善中国特色社会主义行政体制，通过完善国家行政体制，优化政府职责体系，优化政府组织结构，最终形成科学完善的政府治理体系，让政府更好承担起按照党和国家决策部署推动经济社会发展、管理社会事务、服务人民群众的重大职责。

社会主义基本经济制度：全会提出，坚持和完善社会主义基本经济制度，推动经济高质量发展。

同济大学财经研究所所长石建勋说，全会强调了社会主义基本经济制度的基础性地位，明确社会主义基本经济制度包括"公有制为主体、多种所有制经济共同发展，按劳分配为主体、多种分配方式并存，社会主义市场经济体制等"，同时强调要全面贯彻新发展理念，完善科技创新体制机制，为经济高质量发展提供重要保障。

社会主义先进文化：全会提出，坚持和完善繁荣发展社会主义先进文化的制度，巩固全体人民团结奋斗的共同思想基础。

中央党校（国家行政学院）教授辛鸣表示，国家治理是建立在社会共识的基础上，团结统一的思想基础是国家治理的强大精神支撑，必须要有坚定正确的政治方向。全会明确提出要坚持马克思主义在意识形态领域指导地位的根本制度，这对于保证社会主义先进文化前进方向意义重大。

民生保障：全会提出，坚持和完善统筹城乡的民生保障制度，满足人民日益增长的美好生活需要。

石建勋说，改善民生只有进行时，没有完成时。在决胜全面建成小康社会的关键阶段，各地区发展水平仍有差异，脱贫攻坚面临诸多挑战和困难。解决这些问题，不断满足人民美好生活需要，亟须完善制度来保障。全会强调，增进人民福祉、促进人的全面发展是我们党立党为公、执政为民的本质要求，并在教育、医疗、住房、养老等多个方面提出要求，必将推动民生保障制度进一步完善，让改革发展成果更多更公平惠及全体人民。

社会治理共同体：全会提出，坚持和完善共建共治共享的社会治理制度，保持社会稳定、维护国家安全。建设人人有责、人人尽责、人人享有的社会治理共同体。

马怀德表示，健全社会治理制度，才能使社会稳定、国家安全更有保障。全会明确提出完善党委领导、政府负责、民主协商、社会协同、公众参与、法治保障、科技支撑的社会治理体系，在党委领导的基础上强调民主协商，在法治保障的基础上强调科技支撑，同时明确提出建立社会治理共同体的最终目标，进一步丰富完善了社会治理体系建设的内涵。

生态文明：全会提出，坚持和完善生态文明制度体系，促进人与自然和谐共生。

北京理工大学能源与环境政策研究中心主任魏一鸣说，全会体现了党中央推进生态文明建设的坚定决心，必须践行"绿水青山就是金山银山"的理念。统筹目标、责任和利益，建立高度协同的生态文明制度体系，创造一条经济与环境协同发展的新型道路，这是建设美丽中国的必由之路。

党对人民军队的绝对领导：全会提出，坚持和完善党对人民军队的绝对领导制度，确保人民军队忠实履行新时代使命任务。

专家认为，党对军队的绝对领导是我军的军魂和命根子，永远不能变，永远不能丢。无论军队建设内外环境如何变化、军队组织形态怎么调整，我们都要坚持党对军队的绝对领导不动摇，确保人民军队始终沿着坚定正确的政治方向奋勇前行。

"一国两制"：全会提出，坚持和完善"一国两制"制度体系，推进祖国和平统一。

专家表示，"一国两制"是中国特色社会主义的一个伟大创举。公报展现了我们党坚决维护"一国两制"行稳致远的坚定决心，必将为香港、澳门长期繁荣稳定提供有力保障，为推进祖国和平统一进程，完善促进两岸交流合作、深化两岸融合发展、保障台湾同胞福祉提供制度安排和政策措施。

人类命运共同体：全会提出，坚持和完善独立自主的和平外交政策，推动构建人类命运共同体。

中国现代国际关系研究院院长袁鹏表示，和平外交政策日益成熟和定型，是国家治理体系和治理能力现代化的重要体现。我们将更好统筹国内国际两个大局，高举和平、发展、合作、共赢旗帜，坚定不移维护国家主权、安全、发展利益，坚定不移维护世界和平、促进共同发展。

党和国家监督体系：全会提出，坚持和完善党和国家监督体系，强化对权力运行的制约和监督。

辛鸣表示，现代化的国家治理体系，需要高效有力的领导制度和行政体制，也离不开对权力运行的有效制约监督体系。党和国家监督体系是党在长期执政条件下实现自我净化、自我完善、自我革新、自我提高的重要制度保障，也是党确保权力始终用来为人民谋幸福的关键之举。

中国特色社会主义制度是党和人民在长期实践探索中形成的科学制度体系，我国国家治理一切工作和活动都依照中国特色社会主义制度展开，我国国家治理体系和治理能力是中国特色社会主义制度及其执行能力的集中体现。中华人民共和国70年取得的历史性成就充分证明，中国特色社会主义制度是当代中国发展进步的根本保障。中国特色社会主义制度和国家治理体系是以马克思主义为指导、植根中国大地、具有深厚中华文化根基、深得人民拥护的制度和治理体系，是具有强大生命力和巨大优越性的制度和治理体系，是能够持续推动拥有近14

亿人口大国进步和发展、确保拥有5000多年文明史的中华民族实现"两个一百年"奋斗目标进而实现伟大复兴的制度和治理体系。实践充分表明，我国国家制度和国家治理体系具有多方面的显著优势，这些显著优势，是我们坚定中国特色社会主义道路自信、理论自信、制度自信、文化自信的基本依据。

在社会主义制度建立和不断完善的过程中，无论公有或非公有企业，都会长期存在遵守或违背社会主义理念的行为。

这是一个长期的、持续的社会主义思想教育改造和升华过程，不可能一劳永逸。而社会主义理念的强大生命力和相应的法律法规制度体系的日益完善，将会促使越来越多的企业经营者接受社会主义经营理念，成为具备社会主义职场伦理素质的建设者。走上各尽其能、合作共享、共同富裕的社会主义康庄大道。

中华人民共和国建立时，毛泽东指出："中国现在的资本主义经济其绝大部分是在人民政府管理之下的，用各种形式和国营社会主义经济联系着的，并受工人监督的资本主义经济。它主要地不是为了资本家的利润而存在，而是为了供应人民和国家的需要而存在。"可见，只要是在社会主义制度下的私有经济就带有很强的社会主义性质了。

之所以说是社会主义市场经济，就是要坚持社会主义制度的优越性，有效防范资本主义市场经济的弊端，使社会经济沿着共同富裕的道路前进。

中共中央国务院《关于营造更好发展环境，支持民营企业改革发展的意见》指出：坚持公有制主体地位，积极探索公有制的多种实现形式，推进国有经济布局优化，结构调整，发展混合所有制经济，增强国有经济的竞争力、创新力、控制力、影响力、抗风险能力，做强、做大、做优国有资本，同时大力发展民营经济，让一切劳动、知识、技术、管理、资本的活力竞相迸发，让一切创造物质财富的源泉充分涌流。

民营经济是推动我国发展不可或缺的力量，是创业就业的主要领域，是技术创新的重要主体，国家税收的重要来源。进一步放开民营企业的准入，既能更好稳预期、强信心、增活力，也能让优质企业、优质产品、优质服务脱颖而出，提升全社会的供给质量，满足人民群众日益增长的美好生活需要。

十九大报告指出："激发和保护企业家精神，构建'亲''清'新型政商关系，促进非公有制经济健康发展和非公有制经济人士健康成长。"非公有制经济高度围绕国家意志发展，紧密服从国家发展要求。这是唯物辩证法的胜利，是人类认识真理并形成强大思想武器发挥主观能动作用力，实现对客观世界进行共产主义实践的伟大进步。

第四节　国民的健康素质

国民生命体的健康，是国家生命力的根基。国民拥有健康的体魄，才能产生孕育国家富强、民族复兴的高新科技水平和强大创新能力，才能肩负保卫国家、维护世界和平的责任。人民健康，是民族昌盛、国家富强的重要标志。

人的健康由生理健康和心理健康构成。生理健康则血旺，心理健康则气强，气引血行，血随气走，气滞则血凝，气畅则血活，气血活则人健康，国民健康素质的本质定位是生理和心理健康的平衡运行，由此也就引发出一系列健康和养生、健康和医疗等的实践活动。

一、国民健康理念的本质定位是心理和生理健康的平衡运行

人的健康包含两大内容，即生理健康和心理健康，二者相辅相成、相互促进。健康素质的内容表述为健康体魄、健全心理。

人的生命体是一个动态的生长发育过程。一生要经历幼年和少年时期、青壮年时期和老年时期，不同时期的生理和心理发育状态不同，因此，生命体的健康表现也各不相同。比如幼儿和少年时期，身体的生长发育是主要的，其心理的发育主要在于培养良好的生活习惯和道德礼仪规矩，具备良好的体格和人格；而进入青年时期，青春萌动，产生逆反心理，则需要因势利导，使其正确认识生理期的变化，注意保健健康，养成良好的生理自控能力和对异性的爱慕敬畏之心。此时个人理想，个人爱好亦有强烈表现，可适应性地开始科技和文化艺术方

面的宽泛教育，把其精力引向学习本领、发挥长处、为社会服务的轨道上来，使其在规矩内强化和发展个性，成为学有专长、胸怀国家的有用人才；到了青壮年时期，人的生理发育已基本成熟，心理发育也达到独立处世的程度。青年人身强体壮、血气方刚，心中充满希望和豪情，此时要戒斗、戒躁，要以谦和的心理面对社会、面对同事、面对对手。平和稳重的心理使强壮的体力得以有节、有序发力，避免争强斗胜、躁怒冲动、体力透支而形成对身体健康的损害，避免英年早衰早逝的悲剧出现；到了老年，身体机能开始衰退，此时的心理要及时调整过来，理智地从搏斗的舞台上退下来，静下心把精力转移到生理养生和心理修炼上，把有益的经历和心得总结成文，给后代、给社会提供一点有益启示。

由此可见，人的健康是生理健康和心理健康的综合体，生理的正常发育产生相应的心理的发育，而心理的发育又影响生理的正常发育。因此，医学研究成果表明，人的慢性病一大半通常是由心理障碍引起的。一个人哪怕身有残疾，但只要心理健康就能摆脱痛苦，活得有价值有意义，而且从生理上也得到有效的康复。相反，即使身体健全，生活富裕，但天天焦虑抑郁，生活质量也会大打折扣。

有大量临床医学研究表明，小到感冒，大到冠心病和癌症，都和情绪、心理密不可分。正确认识人体的生理机能发育和心理机能发育的关系，才能全面把握和保障国民健康素质的形成和发展。

随着工业化、城镇化、人口老龄化进程加快，我国居民的生产生活方式和疾病谱不断变化，不健康生活方式较为普遍，由此引起的疾病问题日益突出。为积极有效应对健康问题，我国出台《健康中国行动（2019—2030年）》文件，围绕疾病预防和健康促进两大核心，提出将开展15个重大专项行动，促进以治病为中心向以人民健康为中心转变，努力使群众不生病、少生病。把预防摆在更加突出的位置，突出健康促进和动员倡导，将统筹推进15个重大专项行动，实施疾病预防和健康促进的中长期行动，为全方位全周期保障人民健康、建设健康中国奠定坚实基础。

推进健康文明的生活方式，营造绿色安全的生活环境，针对全人群、围绕全生命周期，健康正纳入政策，融入百姓每一天的生活。

二、健康和养生

人体生长发育有其内在规律，认识规律遵循规律就能保持良性健康的生长发育。相反，如果违背生长发育规律，将造成生理机能的紊乱，进而引发各种疾病的发生，因此在日常工作和生活中，注意张弛有度，注意营养补充，注意身体机能的锻炼，注意情绪的调整对身体健康是极为有益的，也就是说，学会养生是保持健康极为重要的事情。

1.均衡营养

人的身体发育成长需要多种营养的供给，主要是蛋白质、脂类、碳水化合物、矿物质、维生素和水。它们都是维持人体生命健康所必需的，具有独特的生理功能，缺少哪种营养素都会导致生理机能的损害。

中国古代医学家十分重视饮食对人体健康的作用，我国名医孙思邈在他的《千金方·食治》中指出："食能排邪而定脏腑，悦神爽志，以资血气。

若能用食平疴，释情遣疾者，可谓极养生之术也。夫为医者，当须先洞晓病源，知其所犯，以食治之；食疗不愈，然后命药。药性刚烈，犹若御兵，兵之猛暴，岂容妄发？发用乖宜，损伤处众；药之投疾，殃滥亦然。"孙氏把药治和食疗的利弊得失，做了深切的阐述，表达了他对食疗优越性的透彻认识。孙氏的见解，承先启后，可以说是中国食疗学总结性和纲领性的见解。

实现均衡营养，需要做到：

（1）"谷类为主，食物多样。"人类生长需要多种营养，这些营养存在于多种食物之中，因此人类饮食应多种多样。《黄帝内经·素问》中就提出了"五谷为养，五果为助，五畜为益，五菜为充，气味合而服之，以补精益气"的饮食调养原则。食物多样并不意味着顿顿都要吃多样食物，而是多样食物轮换着吃，不要偏食偏饮。针对不同的食物对人体脏器的影响，我国古代医学指出，小麦、莲子心、绿豆等食物性寒，能清热解暑、祛除热症，有热性症状或者阳气旺盛的可以多吃；薏米、大麦、小米、荞麦等食物性凉，能降火气，减轻热证，也适用于热性症状；核桃仁、燕麦、大枣、何首乌等食物性温，有祛寒补虚的功效，适用于寒性症状，有热性的肉桂等对于有寒性症状的人群也能起到积极的作用，黄豆、芝麻、枸杞子、粳米、芡实、杏仁等食物性平，能补益虚损，开胃健脾，适用于各种体质的人。

五谷百籽的"性"不同，适宜于不同体质的人，"味"不同则表明归于不同的脏腑，滋养五脏的作用各异。比如黑米、大枣、黄豆、山药等味甘，能入脾，有调和脾胃、补虚止痛的作用；山楂、酸枣仁等味酸，入肝，有生津开胃、收敛止汗的作用；大麦、小米、核桃仁等味咸，入肾，能泻下通便、消肿、软坚散结，用于防治大便干结、肿瘤等疾病；桃仁、杏仁、苦荞麦等味苦，入心，能清热下火、解毒、除烦；苏子、芹菜籽、葱籽等味辛，入肺，有活血行气、发散风寒的功效。五谷百籽养生，要明了各种事物的性味，做到有的放矢，避免误用，以起到更好的养生保健效果。

（2）食饮节俭，七八分饱。

饮食的重要性不言而喻，但并非越多越好、越丰富越好。人患病的一个重要原因就是吃入了不适当食物，这不当就包括多吃、强补，而人体对食物的过度摄入、滞留、积累，打乱了体内的平衡，吃进去的营养如不能正常吸收、排泄，积累在人体内也会逐步变成万毒之源，由于排泄器官负担太重，毒质会流窜全身，影响血液清洁度，污染身体内环境，人类学、考古学、解剖学和历史学都已经证明了这一点，只需降低进食量，每餐"七分饱"就能延年益寿。

所谓"七分饱"，就是觉得胃里还没有装满，但可吃可不吃。当然，依靠感觉判断的前提是：不要吃太快。自己七分饱的饭量，需要一个不断感受和调整的过程。有一个标准需要牢记，那就是吃饭时间要相对规律、固定，这顿吃了七分饱，第二餐之前是不会提前饥饿的。

吃饭时要注意：饭前喝汤、细嚼慢咽、吃完马上离桌、多选择含纤维和水分较多的食物。通过长期的减量，可以让人的心血管、肝肾、免疫力系统走出误区，进入良性循环，最终达到长寿、延迟衰老、对抗疾病的目的。

饮食"七分饱"对清理肠胃极有好处。肠道号称人体的"植物根""营卫地",是身体气血造化的策源地,因此保持肠道的清洁顺畅,是中外医学十分重视的课题。

在人体的肠道上有很多弯曲和褶皱,当食物残渣通过肠道时,总有一些积存在其中,由于肠道结构和功能的原因,即使代谢正常也无法彻底清理干净。而日积月累的过度饮食,会导致许多人肠内有大量的废物、残渣和宿便,这些东西在人体大肠内会产生毒素和毒气,各种症状就会由内而外反映出来:反映在脸上会长斑,长痘,皮肤差;反映在身体上,会造成肥胖、口苦、口臭、口腔溃疡、便秘、莫名咳嗽;反映在情绪上,会易怒,没精神,影响生活。因此,饮食有节是均衡营养的重要内容,民间有言:"肠道清,人年轻"确实如此。

(3)季节变换,饮食随之。

中医传统养生向来讲究遵从自然规律,顺应气候节令来养生,比如我们常说的"春生、夏长、秋收、冬藏"。在中医上认为春为"发陈",万物欣欣向荣,"以使志生,生而勿杀,予而勿夺",遵从春天的气息来养生,也就是我们常说的"春生";夏为"蕃秀"，万物华实，处于繁茂的时期，"使志无怒，使华英成秀"，如同我们平常所说的"夏长"；秋为"容平"，讲究"使志安宁，以缓秋刑，收敛神气，使秋气平"，最重要的是收敛；冬为"闭藏"，"使志若伏若匿，若有私意"，主要就是要藏，"去寒就温，无泄皮肤"。并且《黄帝内经》中说："阴阳四时者，万物之终始也，逆之则灾害生，从之则疴疾不起。"足见顺天时而养生的重要性。

那么顺天时而养生，在饮食上是有讲究的，吃五谷百籽也要顺应节令，才能起到更好的养生保健作用。《黄帝内经》认为春"在味为酸"，可以吃些山楂等一些酸性食物；夏季"在味为苦"，可以多吃杏仁、桃仁等苦食；长夏"在味为甘"，可以吃大枣、山药等味甘的食物；秋"在味为辛"，可以吃苏子、芹菜籽等味辛的食物；冬"在味为咸"，吃一些大麦、核桃仁等味咸的食物比较好。因此，在不同的季节选择合适的食物来食用，顺天时而食五谷，这也是养生保健的一个重要方面。

2.适度锻炼

所谓锻炼即活动四肢、活动脏腑。通过外部力量促进骨骼、肌肉的生长发育；促进体内脏器的运行活力，从而增加气血的循环，增强人的体质，保持身体健康。锻炼身体的体育活动多种多样，因地制宜，因人而异，如跑步、体操、游泳、武术、气功、球类、跳绳、骑行活动以及音乐舞蹈活动等。其中最被推崇的体育活动要数太极拳、气功、游泳、走路和跑步等，其活动量适中，运动效果明显，副作用小。

（1）走路、跑步和其他锻炼。

锻炼身体的体育活动多种多样，因地制宜，因人而异。如跑步、体操、游泳、武术、气功、球类、跳绳、骑行活动以及音乐舞蹈活动等。其中最被推崇的体育活动要数太极拳、气功、游泳、走路和跑步等，其活动量适中，运动效果明显，副作用小。

一个经常快走的人，身体可以收获这些好处：

增加心肺功能：研究表明，每天快走10分钟，就可能会降低心血管疾病的风险。

促进血液循环：快走能促进血液循环，有助预防高血压等慢性病。研究发现，与慢跑相比，快走对糖尿病前期患者控制血糖更为有效。

增强胃肠蠕动功能：经常快走的人，能够有效促进食物消化，改善和增强食欲，增加肠胃功能，防止便秘。

预防骨质疏松：快走时，重力和肌肉收缩的双重刺激能帮助人体维持骨量，增强肌肉力量，提升关节稳定性。

预防中风：研究发现，坚持每天快走，能有效减少中风、预防老年痴呆等。

提升免疫力：研究发现，每天快步走可以提高免疫力，使感冒概率降低30%。

走路或跑步适应于不同年龄的人群，50岁以前可以以跑步为主，50岁以后以快走为主，65岁之后，以正常走步或散步即可。体育锻炼宜在循序渐进，长期坚持，张弛有度，避寒避暑，不可盲目任性，受寒受热，造成对身体的伤害。

（2）常晒太阳。

晒太阳在中医里被称为"天灸"。也就是老天给我做艾灸。我们都知道艾灸是大补阳气的方法，但做艾灸需要辩证，并不是人人适合，并且灸多了易上火。

"天灸"就不存在这样的问题，它属于中医里的"温补之法"，没有任何副作用，是适合所有人的自然疗法。

不仅如此，晒太阳的作用有很多：

晒太阳能抗癌、延寿、强免疫。

一个人想健康，就要阳气充足，四肢温暖，五脏坚固，精神矍铄。晒太阳，就是大自然给予我们最好的祛病良方。

首先，让血管更健康。

维生素D含量低的人群罹患心脏病、心力衰竭和中风的风险更高。多项研究也证实，在紫外线比较缺乏的冬季，患心肌梗死的病人会明显增多。适当晒太阳有助于维生素D变得更加活跃，从而使体内炎症减少，对血管健康更有利。

其次，降低癌症风险，延长寿命。

有研究表明，生活在较低纬度的女性和高纬度者相比，卵巢癌发病的危险较低，因为前者接受日光照射的时间长，摄入维生素D的含量高，比后者更利于抗癌。

更有效的是增强免疫力。

晒太阳有补阳气、补正气的功效。中医有"采日精"的说法，就是采集阳光以生发清阳之气。人体内正常的脏腑功能全靠阳气来支撑，阳气充盈，人体抵抗疾病的能力就会提高。

晒太阳是全世界最补身子的方法，如何晒呢？一定要掌握正确的方法才能起到效果。

晒头顶补钙生发：

太阳晒过头顶，能充分促进钙质的吸收。

许多人晒太阳时，常喜欢戴着帽子，其实，春天阳光并没有那么强烈，穿着厚衣服又戴上遮阳帽，根本不能发挥晒太阳的作用。

晒后背脾胃和：

"前为阴，后为阳，晒后背，能起到补阳气的作用。"阳气虚弱会让人手脚冰凉，还常伴有脾胃不和，如肚子怕凉或吃了凉的东西易腹泻等。

春天晒晒后背，能驱除脾胃寒气，有助改善消化功能。此外，清代医家曾指出，"背为阳，心肺主之"，晒后背还能疏通背部经络，对心肺大有裨益。

晒双腿不抽筋：

"老寒腿"应该常出来晒晒。晒双腿能很好地驱除腿部寒气，有效缓解小腿抽筋，而且能加速腿部钙质吸收，让双腿骨骼更健壮，很好地预防骨质疏松。

尤其是有风湿性关节炎的人，春天晒太阳能活化血脉，缓解病情，起到辅助治疗的作用。

什么时候晒太阳最好？

一般早晨8点至10点这段时间最适合晒太阳。此时阳光中的红外线最强，紫外线偏弱，对人体起温热作用，可使身体发热，促进血液循环和新陈代谢，活血化瘀，增强人体活力。

下午4点至5点也是晒太阳的最好时间，这个时间段的照射特点是紫外线中的A光束成分较多，这时是储备体内"阳光维生素"——维生素D的大好时间；同时还可以促进肠道对钙、磷的吸收，增强体质，促进骨骼正常钙化。

每天晒太阳的时间如何控制？

在四十分钟到一个小时左右，出少量汗、微微困倦效果最佳。

出大汗为——漏精

说话太多为——漏气

越晒越兴奋为——漏神

晒太阳时要定神，让自己安静、定神，精神内守最为重要。找一个安静的地方，闭上眼睛静静地晒，或者听清净典雅的音乐，切忌打电话、玩手机、兴奋地聊天，做激烈的运动，这样不但无效果，反而漏精漏气漏神。

（3）锻炼身体的体育活动与竞技体育活动的明显区别。

健康锻炼身体的体育活动与竞技体育活动有明显区别，前者是适可而止，而后者则是要求达到身体极限。竞技体育已超出健身的要求，往往损害运动员的身体。因此，作为健身的体育锻炼要注意适度，不可过劳过累，这样才有助达到健身之目的。

3.适度休息

工作是体力和脑力的支出，而休息则是身心得到气血的更新补充。萧伯纳说：上帝完成了创造世界的工作，第七天就歇手休息。可见，休息不是一件可有可无的事，是造物主对人类劳作辛苦的关怀，是人类生活工作必不可少的内容。

在劳作之后进行必要的休息，是身心健康的必要条件。不注意休息、过度劳累时，身体会分泌大量的肾上腺素，使血管痉挛、血压升高，诱发心脑血管病。因此，在生活中，一定注意劳逸结合、适度休息。

休息主要包括生理上的休息和心理上的休息。所谓生理上的休息，就是普遍认为的身体休息。当人们觉得腰酸背痛、眼睛疲倦，就会寻求这方面的休息，这时人们往往会选择睡个好觉、按摩、泡温泉来放松身体。生理休息，主要是睡眠和放松型的娱乐活动。其中，高质量的睡眠是健康的必备条件，在睡眠中消化功能、心肺功能、呼吸功能得到休整，对调节生理机能，提高身体免疫能力，延缓衰老有很大帮助。同时，高质量的睡眠能降低患癌的风险，因此，注意保证高质量睡眠是生理休息中最重要的休息。

当然，采取这种方式让身体获得休息确实很重要。但是，工作、生活环境中充满各式各样的压力，人们承受过多的压力，长期精神紧张、反复的心理刺激及恶劣的情绪影响，这些疲劳无法因此而消除，这就是心理疲劳，需要心理上的休息。

心理疲劳和身体疲劳有着根本性的差别。身体再怎么休息，大脑疲劳还是会在不知不觉中不断积累。而心理疲劳在持续不断的慢性累积后，会导致人在各个方面的表现变差，严重时还会造成所谓的心理疾病。如果心理疲劳不能得到及时的疏导化解，时间一长，会导致心理障碍、心理失控甚至引发心理危机，精神上萎靡、恍惚甚至精神失常，产生多种身心疾患，像紧张不安、动作失调、失眠多梦、记忆力减退、注意力涣散、工作效率下降等，以及引起诸如偏头痛、荨麻疹、高血压、缺血性心脏病、消化性溃疡、支气管哮喘、月经失调、性欲减退等身体疾病。

心理疲劳必须用心理释放的方法去解决。一般采用倾诉、逛街、消费、旅游度假、体育运动、看书、画画、听音乐、冥想等缓解心理疲劳。例如，有些人因某些问题陷入悲痛欲绝状态，此时如果放下苦恼，外出旅行，纵览美好河山的壮丽景色，心情会豁然开朗，从而心理得到有效调整，恢复轻松淡定的生活态度，也就消除了心理疲劳，这就是一种很好的心理休息。

4. 良好的心态

心态主要表现为情绪，情绪是人生命运的主宰，管理情绪就是管理生命和管理幸福。在所有影响健康的因素中，良好的心态是健康的重要因素。

我国古代经典医学著作《黄帝内经》指出"怒伤肝、喜伤心、忧伤肺、思伤脾、恐伤肾"道出了心态对身体的重要影响。

情绪对健康的影响可以分为积极情绪对健康的影响和消极情绪对健康的影响两种情况。

积极情绪指的是乐观、开朗、包容、豁达，它可以增强抵抗疾病及治病能力。良好的情绪使人积极向上，充满自信，欢愉明朗，神清气爽，吃得香，睡得好。情绪乐观、心情愉快的人，往往是身体健康的人。不少得病的人，通过自我调节，发挥良好的情绪作用，也可以使某些疾病自愈。

消极情绪指的是忧虑、颓丧、害怕、贪求、怯懦、嫉妒和憎恨等，它会对身体产生不利影响。这种不好的情绪和恶劣的心境，甚至可以使人短命夭亡。一般来说，消极情绪可使人的心理活动失去平衡，并能使机体产生一系列的生理变化，导致心身障碍，从而危害健康。例如：影响到人的心脑血管系统易发生心脑血管疾病，可能会引发抑郁症、焦虑症、心肌梗死和突然死亡；影响到消化系统，容易形成消化不良和胃溃疡。此外，呼吸系统、神经系统、内分泌系统、泌尿系统以及免疫系统的功能，均与情绪活动有关，不良情绪可引起这些系统的功能紊乱，导致疾病的发生。医学研究表明，精神创伤，心理矛盾，长期的情绪压抑，持续有不安全感的人，容易罹患癌症。

《三国演义》中"诸葛亮三气周瑜"就是一个典型的例子。周瑜年轻气盛，自恃才高，且心胸狭窄。而诸葛亮雄才大略，眼光高远。周郎嫉妒诸葛亮的才华胜自己一筹，遂起杀害之心，屡屡设计，终不得逞。在"既生瑜，何生亮"的嫉妒心理影响下，气得金疮迸裂，含恨而亡，终年34岁。实在可惜可叹！这个故事告诫我们：怨恨、嫉妒等不良情绪对心身健康危害极大。

总之，情绪对健康的影响，可以用一句话来概括，即牵一发以动全局。我们应该充分认识这种影响，用理智的力量来控制自己的情绪，以保持心身健康和愉快地学习、工作和生活。世间曾流行一句话"良好的心态胜过每天100美元的收益"，让我们怀抱美好心态，迎接新生活的挑战。

三、健康和医疗

在日常生活中保持良好的生活习惯和乐观的生活态度，就会减少身体机能的病变，气血活才精神爽，但是身体机能易受外部因素影响，如传染病、不洁饮食的侵害和外部的伤害等而产生病变，也是难以避免的。因此重视病痛的防治和医疗也是健康素质的一大内容。

1. 要定时进行体检，身体机能发生病变，有些可以明显感觉出来可及时得到治疗，而有些病变则是个人难以感受到的，如心脑血管病变，血脂血糖血压病变，甚至癌变，在其初发期往往是感觉不出来的。因此，进行定期的体检，早期发现早期治疗就十分必要了。另外，尽管目前医学已经很发达，对于有些病症也常常束手无策，而早期发现早期治疗则会有较好的效果。

体检的目的是检查日常生活中的身体状态，因此在体检前没必要刻意改变饮食和生活习惯以求更好地体检结果，反而容易贻误病情的发现，失去体检的意义。

2. 要重视医疗。古人云"不为良相则为良医"，可见医生职业在人类生活中重要地位。医学是体现人类最高尚的人道主义，医学是集人类智慧与才能之大成者，医学是维护人类出生、成长、成熟，维护健康和生命的重要力量。因此，具备深厚的医学知识，具备高尚的道德修养的医务工作者，是国民健康的白衣天使，是国民健康素质的培育和守护者，也是国民健康素质的重要成员。

有病看医生，听从医生的治疗方案对于治愈疾病十分重要，也是抗击疾病，恢复健康的重要途径。健康离不开医疗，医疗是健康的重要保证。信任医生、尊重医生是国民健康素质的体现。

但是，医生的医术也是一个不断提高的过程，也会存在空白或欠缺之处。一个高水平的医生，在日常诊疗中能保持70%的正确率已属不易，因此作为患者，在求医过程中具备必要的健康常识，与医生产生互动配合将更有助于疾病的治疗和治愈。

3. 在处理健康和医疗的关系中，要注意防止两种心理偏差。一是盲目恐惧心理，有病就心事重重，心神不定，放弃适当活动和心理调整的积极作用，心理不健康反而诱发生理上的病情加重，导致不良后果，有的病人就是自己吓自己导致病情加重的。二是讳疾忌医，固执己见，认为有病挺一挺，就能恢复健康，其实有些病症是必须由对症的药物才能起到治疗效果，例如，高血压、高血糖、心脏病等病症具有不可逆转性，必须坚持对症服药才能保持病情稳定，保持正常的生理状态，有病拒绝治疗反而会引发病情加重的后果。

排除以上两种心理偏差，正确的态度应当是认真对待病情、了解病情，做到心中有数，有针对性的配合医药治疗和锻炼，将会取得较好的效果。中央电视台曾报道一位70多岁的老汉查出癌症，医生建议他做手术和化疗，他了解病情和发病原因后没有做手术，而是在配合药物治疗的同时，开始身心放松的锻炼，每天早上他挎着收音机，听着自己喜欢的乐曲，踩着自编的舞步，漫步在小树林中，这样坚持了一段时间后，他明显感到身体轻松了，身上有力量了，经检查癌细胞明显减少，于是他一直坚持这种音乐漫步的锻炼，癌症竟奇迹般的好了。这种事例还有很多。

4. 保护和扶持自身机体的自愈能力。我们人体有神奇的自愈力，这种自愈力是人体与生俱来的潜能，具有巨大的神奇力量，不会因年龄增大而消失。研究人员发现只要注意调养和改善生活习惯，大部分的疾病都能够自愈。从某种程度上来说，医生治病，只是激发和扶持人类机体的自愈力而已，最终治好疾病的，不完全是药，还有人们自己的努力。这是因为自愈系统包括免疫力、排异能力、修复能力（愈合和再生能力）、内分泌调节能力、应激能力等。当人有不适或生病时，自愈系统会敏感地捕捉到人体异常信号，马上调整人体的各种功能，并及时调动身体中的各种激素，进行有针对性的配比，从而达到治疗的目的。相反，如果人体的这种能力遭到彻底破坏，即使华佗再世，也不可能挽救性命，艾滋病之所以成为"不治之症"，最主要的问题是免疫系统遭到了灭顶之灾。

为了解决健康问题，有时我们甚至适当生病，这是生命顺应天道、适应自然、寻求长久发展的自我调整，也是激活自身免疫力的必要手段。增强免疫力才能抵御各种病害的侵袭，我们人体的自我调节能力是很强大的。只要我们人体自我调节功能发挥作用，我们就可以少生病。激发自愈力可以让我们少得病、不得病，但是不可以替代医疗手段。

四、传承和普及中医药常识，提高国民健康知识水平

国民的健康素质还体现在国民和医护人员对中华医学的传承和提高方面。

中国医药学是中国各族人民长期和疾病做斗争的经验总结，它具有悠久的历史和辉煌的成绩，在当时的世界范围内具有领先地位。据统计，中华民族历史上曾爆发过300多次瘟疫，但中国一直是世界上人口最稳定的国家，就是因为有中医药的护佑。从西周时期开始中国就有了从中央到地方的医药卫

生管理体制，中医就有了预防和治疗不同季节流行病、传染病的方法，正是在中医药的护佑下中国历史上从未出现过如欧洲黑死病那样毁灭性的灾害。在几千年与病魔的斗争中，中华民族从未被击垮，并且充满了健康的韧性和生命力。特别值得一提的是2020年爆发的惊动全球的新冠肺炎疫情，在我国首先得到了有效救治，经中医药进行治疗的治愈率达到90%。2003年的SARS疾病期间，由国医大师邓铁涛治愈的非典病人实现了"零死亡、零感染、零转院、零后遗症"，彰显了中华医药的神威。其中所用的一剂方药，就是来自1000多年前的医圣张仲景的验方。近百年来，中国医药学在日本、韩国、欧洲和美洲的一些国家得到相当重视和传播。在我国对中医药理论的研究和应用也达到了很高的水平，特别是对于中医药经典著作《黄帝内经》《伤寒论》等古籍进行了大规模的整理研究，取得了丰硕成果。随着现代科学技术的发展，一些高新技术的诊疗手段和器材设备也得到了更多的开发和应用，使医疗诊断效果更加便捷准确。中西医结合促进了中国医学的发展，也提高了医护工作者的医疗水平。在进行医者父母心等医德教育的同时，我国医疗医护队伍的医术和医德也达到了新的高度，成为提高我国国民健康素质的有力保证。

为提高医疗服务和医药服务水平，世界各国都在努力探索可行之路。目前，我国的医疗保障已基本做到了社会全覆盖。我国政府专门颁布了《国民营养计划（2017—2030年）》，从我国国情出发，立足我国人群营养健康现状和需求，明确了今后一段时期内国民营养工作的指导思想、基本原则、实施策略和重大行动。

《计划》提出，要坚持政府引导、科学发展、创新融合、共建共享的原则，立足现状、着眼长远，到2030年，营养法规标准体系更加健全，营养工作体系更加完善，在降低人群贫血率、5岁以下儿童生长迟缓率、控制学生超重肥胖率、提高居民营养健康知识知晓率等具体指标方面，取得明显进步和改善。

《计划》部署了七项实施策略保障工作目标实现。一是完善营养法规政策标准体系，推动营养立法和政策研究，提高标准制定和修订能力。二是加强营养能力建设，包括提升营养科研能力和注重营养人才培养。三是强化营养和食品安全监测与评估，定期开展人群营养状况监测，强化碘营养监测与碘缺乏病防治。四是发展食物营养健康产业，加快营养化转型。五是大力发展传统食养服务，充分发挥我国传统食养在现代营养学中的作用，引导养成符合我国不同地区饮食特点的食养习惯。六是加强营养健康基础数据共享利用，开展信息惠民服务。七是普及营养健康知识，推动营养健康科普宣教活动常态化。

《计划》提出六项重大行动提高人群营养健康水平。一是生命早期1000天营养健康行动，提高孕产妇、婴幼儿的营养健康水平。二是学生营养改善行动，包括指导学生营养就餐，超重、肥胖干预等内容。三是老年人群营养改善行动，采取多种措施满足老年人群营养改善需求，促进"健康老龄化"。四是临床营养行动，加强患者营养诊断和治疗，提高病人营养状况。五是贫困地区营养干预行动，采取干预、防控、指导等措施切实改善贫困地区人群营养现状。六是吃动平衡行动，推广健康生活方式，提高运动人群营养支持能力和效果。

为了加快推进健康中国建设，还制定了三步走的宏伟战略目标：

第一步，2020年，建立覆盖城乡居民的中国特色基本医疗卫生制度，基本形成内涵丰富、结构合理的健康产业体系，人均预期寿命在2015年基础上提高1岁，主要健康指标居于中高收入国家前列；

第二步，2030年，促进全民健康的制度体系更加完善，健康产业繁荣发展，基本实现健康公平，人均预期寿命达到79岁，主要健康指标进入高收入国家行列；

第三步，2050年，建成与社会主义现代化国家相适应的健康国家。

环环相扣，层层推进。

从"有药用"到"有良技"——重大新药创制开始打破国外专利药物垄断，干细胞、基因组测序、数字诊疗装备等"高精尖"医疗科技研究站上"新高地"。

从"看上病"到"更舒心"——信息多跑路，群众少跑腿。"指尖上的医院"送药品、送服务、送技术，预约挂号、"一站式"结算等"智慧医疗"举措将就医效率高上去、"堵心"少一点。社会办医机构前置审批等"玻璃门""天花板"将进一步打破，更高质、更高效的多元办医格局让百姓"有得选、选得多"。

从"看得起病"到"更便捷"——全国医保联网和异地就医直接结算"加速跑"。今年底前将实现符合条件的跨省异地住院医疗费用直接结算。

从"谋职业"到"更幸福"——有幸福的医生，才有满意的病人。让医生"留得住、下得去"，2017年将为中西部地区招收培养5000名左右本科免费医学生，同时提升中高级职称晋升比例，使基层医务人员才有所用、才有所识；执业医师"一次注册、区域有效"将为更多医生"松绑"、为基层人才"造血"。住院医师规范化培训深入推进，不断为老百姓提供合格医生。

从"治病"到"健康+"——健康旅游、医养结合迎来春天。到2020年，60岁以上老年人预计占总人口的17.8%左右。基层医疗卫生机构积极开展老年人医疗、康复、护理，与家庭成员共同承担责任，让"空巢老人"、4000万失能老人病有所医、老有所养。

习近平主席指出:"推进健康中国建设,对我们的国家和人民、对中华民族具有重大的现实意义和深远的历史意义。全党全国一定要统一思想、齐心协力、开拓进取,推进健康中国建设不断取得新的成就,为实现全面建成小康社会奋斗目标、实现中华民族伟大复兴的中国梦做出贡献!"

健康问题与长寿紧密相连,人老如草木更新,是世界不间断走向美好的必须过程。不老不死,世上都是千岁之人,且不说地球能否容得下,仅家庭关系就拥挤不堪了。子子孙孙作何感慨?!珍惜生命,多办些好事才是健康目的,才不虚度此生。

第五节　文学艺术素质

文学艺术是社会科学和自然科学成果基础之上的人类情感生活的表现和抒发。积极进步的文艺作品是人类脱离粗俗走向文明的精神创意和升华,是人类文明进化的前进阶梯。而粗俗萎靡的文艺作品则会弱化民族精神，腐蚀民族生命力。

文学艺术素质，指的是一个国家和民族在文学艺术作品的创作和展示中体现的思想内容和艺术水平，以及文学艺术作品在国民生活中的普及形成主体行为倾向的状态。文学艺术作品包括小说、散文、诗歌、戏剧、音乐、舞蹈、美术、雕塑等，简称文艺作品。

文学艺术吸收社会科学和自然科学的学术成果，观察认识社会生活中的真假、善恶、美丑现实，进行艺术加工，形成形式多样的、人们喜闻乐见的各种艺术作品。

一、文学艺术理念的质的定位

文学艺术理念的质的定位是对真善美的追求和修炼，在量的表现是对人类美好情感的抒发，对社会公平正义理念的颂扬，对大自然的敬畏和感恩。

文学艺术素质强调对真善美的追求和修炼。这是人类个体生命发育成长所必需的内在要求，只有真善美的情感生活，才能产生和谐愉悦的心理感应，才能产生符合人类的生理生长发育的心理条件。同时，对真善美的追求和修炼也是和谐人际关系，实现民族团结，共同繁荣所必须遵循的处事法则。

而假恶丑的情感生活则会是使人类陷入攻坚缠斗的痛苦之中，痛苦的情绪会摧毁人类的健康和安稳的生活。因此，坚持文学艺术追求真善美本质要求是国民文学艺术素质建设不可背离的原则。

二、文学艺术理念在量的表现丰富多彩

1. 文学艺术是人和大自然之间的情感交融，当人们享受到阳光、雨露和丰美的果蔬食物的时候，人们会感激大自然的恩泽，产生神圣的敬畏和感恩之情。当人们通过自身努力，改善了生存环境，获得了更舒适的生活的时候，又会对自己抗衡自然灾害的意志和能力感到自豪和自信，对劳动和创造产生崇尚和热爱之情，文艺活动也会日益丰富多彩，这是人们辛勤劳动中的心灵锤炼和歇息。例如，远古传说中的大禹治水、愚公移山的故事，反映和歌颂了不畏困难，勇于开拓、战胜自然灾害、争取美好生活的豪情。

2. 当人们在复杂多变的人际交往中得到亲情、爱情、友情的安慰，又会产生由衷的愉悦之情，这种情感通过文艺作品表现出来，抒发着人和人之间友善相处的心灵呼唤。同时，当人们受到来自外部的侵扰和伤害的时候，又会产生对丑恶残暴行径的愤怒和抗争，形成刚强勇毅的民族气魄，产生歌颂英雄、赞美勇士、激励民族敢战敢斗激情的文艺作品。例如，《诗经》中对男女恋情的美好描述，反映了人们对爱情生活的纯真向往。而诞生于抗日战争中的大型交响乐《黄河大合唱》《义勇军进行曲》等文艺作品，则是全民抵抗侵略、保家卫国豪情的抒发和反映。

3. 面对幸福和困苦交织的社会生活会产生歌颂公平公正、美好良善，鞭挞凶残奸诈，维护社会良好风俗的文艺作品。使人们在辛苦劳动和日常生活之中得到心灵的陶冶和精神的升华，丰富了人类的生活内容，提炼普及了人类的道德修养和遵守社会公序良俗观念，增强了国民对建设美好生活的创新能力和创新积极性。例如，现代芭蕾舞剧《红色娘子军》、古装戏剧《包公》、托尔斯泰的巨著《复活》等文艺作品,对于揭露社会压迫、争取自由解放、惩治邪恶、弘扬优良社会道德方面具有震撼心灵的影响。

4. 加强国民礼仪教育。加大对国家重要礼仪的普及教育与宣传力度,在国家重大节庆活动中体现仪式感、庄重感、荣誉感,彰显中华传统礼仪文化的时代价值,树立文明古国、礼仪之邦的良好形象。研究并提出承接传统习俗、符合现代文明要求的社会礼仪、服装服饰、文明用语规范,建立健全各类公共场所和网络公共空间的礼仪、礼节、礼貌规范,推动形成良好的言行举止和礼让宽容的社会风尚。把优秀传统文化思想理念体现在社会规范中,与制定市民公约、乡规民约、学生守则、行业规章、团体章程相结合。

人类社会的生存发展,不仅需要物质财富的创造和消费,还需要情感财富的创造和消费,如果说物质财富有助于人类生理生长发育的需要,那么情感财富则是人类脱离粗俗、走向文明的精神创意和升华,是人类文明进化的前进阶梯。因此,倡导并创作进步文明的文学艺术作品，推崇真善美，歌颂公平正义，抑制低俗粗俗腐朽的文艺糟粕，是国民文艺素质的规定所必需的量的表现，也是提升国民素质的历史使命和现实责任。习近平总书记指出："中华文明源远流长，孕育了中华民族的宝贵精神品格，培育了中国人民的崇高价值追求。自强不息、厚德载物的思想，支撑着中华民族生生不息、薪火相传。"中华文化蕴含的理想理念思想精华、人文精神、道德规范，等等，是人类思想精神的绚丽结晶，对人类进步发展具有重要价值。

三、文学艺术素质是国民素质建设的重要内容

1. 提高对美好生活的理解能力。一个人如果具备了良好的物质生活条件，但缺乏对美好生活的感受能力，他仍然得不到美好的生活感受。生活中蕴含着丰富多彩的美好事物，如果缺少文学艺术的素养，就会对此视而不见、听而不闻，缺乏对美好生活的感受能力，生活就会缺乏激情，处于木讷呆板状态。

2. 增强对高尚情操的培育和修炼。优秀的文学作品充满了对美好生活的深入细致描绘，对高尚情操的颂扬和抒发，阅读小说、诗词可以提高语言表达能力，增强对生活的认识和理解。音乐、舞蹈、戏剧、美术等艺术作品，以优美的舞姿、曼妙的旋律给人带来视觉、听觉享受。对于提高审美品位，陶冶生活情趣，是极为重要的审美教育。

3. 协调融合人们的友善关系。文学艺术作品宣扬真善美的生活态度和道德情操，学习研修文学艺术就会耳濡目染，提高个人的审美情趣和道德水准。而道德的力量，能激发人们的良知，伴随着文艺作品的传播，推动社会文明的进步。

四、文学艺术工作者要在从艺做人上做表率，做有信仰、有情怀、有担当的人

文学艺术具有强大的社会舆论宣传力量。文学艺术对社会强大的影响力，从《国际歌》唱响全球，宣扬并助推社会主义革命掀起巨浪的现实中得到证实；而低俗的文艺作品泛滥导致民风败坏，社会沉

溺于奢靡情趣以致国力衰竭的惨痛教训也触目惊心。因此，重视对文艺主创人员、演艺人员思想和道德素质的高标准要求。对传媒机构行业操守的规范管理，使之沿着传播弘扬真善美，歌颂公平正义的文明轨道前进。严格摒弃低俗、庸俗、粗俗的文艺作品的放任泛滥，保持良好的社会文艺清风正气。

我国文学艺术工作者，在改革开放大潮中，坚持理想信念，保持高尚情怀，精勤业务创作，涌现出许许多多有信仰、有情怀、有担当的优秀人才和精品大作。特别感人的是：

83岁高龄的电影表演艺术家牛犇入党一事，引起媒体和社会广泛关注。牛犇是上海电影制片厂演员，11岁起从事表演工作，参演过《龙须沟》《红色娘子军》《天云山传奇》《牧马人》等一批脍炙人口的影片。因其对中国电影的贡献，2017年获得金鸡奖终身成就奖。牛犇经历过旧社会的苦难，受老一辈电影人的影响，青年时期就立志加入中国共产党，几十年从未放弃追求进步。近年来，他又多次向组织表达入党意愿。2018年5月31日，上海电影（集团）有限公司演员剧团支部委员会同意吸收牛犇为中共预备党员。

为此，习近平亲自给表演艺术家牛犇写信，并在信中说，得知你在耄耋之年加入了中国共产党，实现了自己的夙愿，我为此感到高兴。习近平指出，你把党当作母亲，把入党当成神圣的事情，60多年矢志不渝追求进步，决心一辈子跟党走，这份执着的坚守令人感动。习近平表示，几十年来，你以党员标准要求自己，把为人民创作作为人生追求，坚持社会效益至上，塑造了许多富有生命力、感染力的艺术形象，受到人民群众高度评价和充分肯定。希望你发挥好党员先锋模范作用，继续在从艺做人上做表率，带动更多文艺工作者做有信仰、有情怀、有担当的人，为繁荣发展社会主义文艺贡献力量。

当代诗人王国钦先生在河南、全国诗词文赋创作领域，被誉为独树一帜，从人品到作品均得到广泛赞誉。他大学毕业后几十年如一日栖居诗文国度埋头耕耘，不睬灯红酒绿纸醉金迷，不屑低俗恶搞浮躁喧嚣，精心专心创作了许多意境高雅，正气昂扬的诗赋，其《郑州赋》在《光明日报》发表后被镌刻在新型驱逐舰郑州舰上，同时又被镌刻在中原大型园林中的轩辕阁顶层。

他不计功利积极组织参与优秀传统文化的宣传推广，组织了一年一度的"天下诗人拜诗圣"活动并创作《拜诗圣文》成为中华诗界美谈。人们赞誉他：从世人的"三观"上看，王国钦先生积极向上、敬贤助友、淡泊名利，正能量足；从学术上讲，他执着于专业，默默耕耘，成果丰硕，甘为传统文化的传灯人。国钦先生可称得上是："为人平湖微雨，处事高山大川。学识广博精深，从文夙夜在公。"在习近平总书记视察兰考赞誉焦裕禄精神之际，国钦先生有感而发写成《兰考赋》，把诗赋弘扬正气教育民众之功能发挥到极致。

附《兰考赋》全文以飨读者：

兰考赋

王国钦

茫茫大中原，生民繁衍早。兰封与考城，合并称兰考。其东襟商丘兮西偎古汴，今属河南省府直辖；复南带民权兮北邻菏泽，位处豫东平原西方。陇海铁路呼啸，穿境横起一线；京广京九扶摇，飘舞左右双翔。连霍高速、日南高速翩然挽手；农品豫东、枢纽豫东欣然逞强。陆飞航空新郑港，海牵连云不冻港，其交通之便利已先机尽占矣。

荡荡大中原，星月何皎皎。熠熠耀明珠，悠悠说兰考。岁月匆促兮早留痕，三皇文明已于史前发轫；齐王葵邱兮曾会盟，诸侯气象尽显霸主英姿。孔仲尼周游列国，讲学日碑留请见夫子处；张佰行官清第一，解民难情秉公正善良心！汉初三杰，张良辟谷黄风洞；金元四医，从正祛邪救苍生。陈平、刘秀、杨廷弼，江淹、宋祁、张钦礼，灿灿然名家辈出者，岂非乃地杰人灵乎？

莽莽大中原，黄河更渺邈。福祸思并存，灾难忆兰考。看九曲之河，于此处勾画出最后一曲；奈千年故道，向平原弥漫着无尽黄沙。有多少村庄失所流离？三害汹汹兮肆虐狼虎；曾无数父老别乡背井，四方漫漫兮欲归无家。红庙、小宋、东坝头，往昔土地之瘠薄已若梦魇；埔阳、南彰、张君墓，彼日生活之困厄厌闻寒鸦。吾多灾多难之兰考兮，盼只盼苦尽甘来、万里桑麻！

鼎鼎大中原，巍巍仰兰考。卿云灿烂兮，阳光更普照。毛泽东两度亲临东坝头，指点江山：把黄河的事情办好；焦裕禄立志改变旧容颜，宵衣旰食：引精神之旗帜飘飘。搏洪水、战风沙、植泡桐，以重病之躯，丈量遍寸寸兰考大地；入蓬门、嘘寒暖、送真情，用力行之美，绽放出朵朵生命花苞。从逃荒到制荒，兰考人把千秋宏图变为实践；从救灾到治灾，领路者为一段历史标出新高！"拼上老命大干一场，决心改变兰考面貌。"至今想起焦书记，老百姓依然会心潮澎湃、醇酒滔滔。君不见穆青之当年笔下，昂扬起英雄形象！君不见华夏之半纪风云，交织着苦涩歌声！笔者曾慨然而吟曰："桐花朵朵溢香开，岁岁清明去又回。为济苍生心上愿，春风春雨拜公来。"

泱泱大中原，希望在兰考。天地正当春，旭日已杲杲。欣大蠡之蹈舞兮，紫气氤氲；忆己丑之清明兮，东风骀荡。谒焦桐，植习桐，重温"唯独没有他自己"之公仆情怀。喜满庭之芬芳兮，麦田浪涌；忆甲午之焦林兮，念奴高唱。眺黄河，抒壮志，叩问"为后人留下什么"之初心追寻。惊万里之苍穹兮，彩虹飞起；叹甲午之初夏兮，甘霖再降。滋枯苗，润三江，重绘"敢教日月换新天"之宏伟蓝图。欲海晏之河清兮，且喜好雨知时节；种竹菊之梅兰兮，更裁锦绣造乾坤！君不见，大中原之桐花郁郁，志在青天，赢得春风化雨！君不见，大中华之雄风浩浩，"绿我涓滴，会它千顷澄碧！"君不见，千年穷帽已摘除，兰考明天将更好！

古语云："郡县治，天下安。"夫兰考之追梦兮，欣慰沧桑正巨变；映古今之镜鉴兮，情怀富庶甲一方；更华夏之明天兮，莫忘民族之振兴。噫吁嚱，彼"焦桐"之如诗如画，公仆人人入画境；此"习桐"之闻鼓闻歌，党员个个踏歌行。面对于苍茫中原扪心试问：焦裕禄精神之源为何？十五年两进三出尉氏大地，蓬池为证；中国特色之精髓如何？新时代共同富裕社会主义，改革为先；党的新时代目标如何？人民对未来生活美好向往，莫忘初心！伫立于焦裕禄干部学院，我们情寄于衷：共产党人之品质如何？彼兰考百姓自有公正答案；共产党人之胸襟如何？此兰考精神自可重谱华章！

豫剧大师常香玉先生被誉为戏比天大，德艺双馨的人民艺术家。她9岁学戏，10岁登台，13岁主演六部《西厢》，名满开封。日寇侵华，她首演抗日时装戏《打土地》，显示了她作为一位爱国艺人的民族气节。1951年为支援抗美援朝，率剧社巡回西北、中南、华南各地演出，以演出收入捐献"香玉剧社号"战斗机一架，有"爱国艺人"之誉。

"常派"在艺术上广泛吸收京剧、评剧、秦腔、河南曲剧以及坠子、大鼓等艺术之长，同时把风格不同的各种豫剧唱腔——豫东调、祥符调、沙河调等，融会于豫西调中，独创新腔，成为豫剧中的一支主要流派，被誉为"豫剧皇后"。

在市场经济大潮中，常香玉大师多次被企业或商人蛊惑让其参与商业广告交易，她都予以婉拒。她说，我的荣誉是党和国家给予的，我不能拿它去挣钱。虽然她经济上不宽裕，但仍推掉了几百万的广告收入，安心、专心从事艺术创作，积极参与面向群众的公益演出，显示了人民艺术家的高尚情怀。

五、严把文艺作品质量，加强出版编辑和影视传媒监管队伍建设，是提升国民文学艺术素质不可或缺的工作

文艺作品的创作演出进入门槛较低，极容易鱼龙混杂涌进大众宣传舆论市场，加上权钱、财色交易之运作，形成对民众特别是对青少年的价值观、世界观产生消极扭曲的影响。因此，建立起高素质专业化的出版编辑队伍进行专业监管，对于端正文艺的运行质量，颂扬社会主义核心价值观；对于宣传社会科学和自然科学的优秀成果，摒弃糜烂腐朽侵蚀社会风气的低俗作品；对于提高国民文学艺术素质是一项极为重要的工作。

第六节　国民的社会信用素质

社会信用素质，指的是个人的信用人格、企业的信用品牌等各种信用素质的综合表现。当全社会形成诚实守信的主导理念和行为取向的时候，这个民族走向强盛和伟大将势不可挡。

现代社会经济活动中，信用问题已经日益成为立身立业立国的重要问题，因此，在国民素质建设中强调社会信用素质的培育显得尤其重要。

一、信用理念的本质是"忠诚守信"

在中国传统理念中，信用的内涵是忠诚守信，孔子认为忠和信是相互联系的，强调君子要"主忠信"，其中"忠"是服从和向善的一种心境，而"信"是遵从道义规范的修养成果。没有忠诚的心境，"信"的行为就难以根植，守信和忠诚是不可分的，因此信用又常常表述为忠信或诚信，信用理念的本质定位也就是"忠诚守信"。

汉朝董仲舒提出"三纲五常"论，就是在孟子的"四德"基础上着意加上"信"而成为"仁、义、礼、智、信"五个伦理道德修养规范的。在"仁、义、礼、智、信"中，前四位道德规范实质上是单项素质的表现，可以有修养程度高低不同的差别。例如在"仁"和"义"方面，仁的布施程度可以有大小之别，"义、利"观并非一定达到极致不可，但都不至影响人们对其有较高评价；在"礼"方面，有不周全的地方，可以在以后的日子里逐渐弥补其不足；在智慧方面，没有达到一定的高度，甚至出现一些失误，也可以得到人们的理解和宽容。唯有"信"，是个综合指标，具有比"仁、义、礼、智"更为宽泛的内涵和更为深刻的人格修养的苛求。既要有忠诚的心性，又要有顽强的自律意志，更要有守大义的志向和超脱凡俗的大度。因此，"信"是五常中标准最高的道德规范，是人格修养的最高境界。

二、国民信用素质的培育和提高

社会信用素质建设是一个综合和系统的工作，社会信用素质的量的组合，主要由民众的信用人格、企业的信用品牌等各种信用素质子项组成。

1.民众信用素质的内容

树立忠于国家和民族的信念，把国家利益置于个人利益之上，做到对信用理念的真诚信奉和遵从，这是信用人格的基本内容。

同时，守信又和自律联系在一起，守信是把外在的道德规范变成人的内在的理性自觉，是道德修养不断提高的过程，而这个过程是要历经一生的，其中必然会遇到各种困惑和冲击，这就需要具备很强的自律意志，做到"君子固穷"。

信用人格的培育和确立，必然是严格系统的心理教化和修炼的成果，也是不断克服私欲，建立理性心境的过程。孔子曾经断言："人而无信，不知其可也"，意思是一个不讲信用的人，是无法判断他可以做什么好事情的。这就从根本意义上否定了这类人的人格价值。在现代文明社会里，市场经济高度发达，人们的社会交往和商品交换关系也日益密切，信用理念就日益成为人们普遍重视、普遍遵守的行为准则。即使是资产阶级的自由平等等追逐个性解放的理念也不得不加入忠诚和自律的信用元素，因为缺少忠诚和自律的个人主义思潮，已经给资本主义社会造成了强烈冲击，美国由次贷危机引发的金融海啸，英国青年骚乱，以及华尔街大亨们利用金融工具大量攫取不义之财的贪得无厌，使西方社会开始认识到信用和社会责任意识的重要性，不仅是个人道德修养和人格完善的需要，更是文明社会协调人际关系、建立和谐社会秩序的人文要求。

鉴于此，世界各国政府为促进本国国民良好信用素质的生成和发展，纷纷采取制度性措施，打击失信行为，褒扬守信行为。例如我国和世界不少国家都在探索建立个人信用信息记录和查询系统，加不少国家实行了"社会保障金卡"制度，"社会安全卡"制度，其作用是及时记录个人的各种重要信息，包括工作、居住、纳税奖惩情况。对于不良记录如欺诈、偷盗、赖账、斗殴、种族歧视等都有记录显示。不良的信用记录将给持卡人生活、工作、学习带来非常大的不便。有些国家还有自愿持卡的规定，即不要求人人都办理社会安全卡，但是人人都知道没有信用记录卡的严重性，因此都会自愿前往办卡，并且努力增加自己社会安全卡上的良好信用记录。

2.企业形象和信用品牌的培育

信用是企业形象和信用品牌的内在支撑力，企业信用素质的培养和树立，体现在如下几方面：

（1）保证产品质量。企业的生产过程大都处于厂区内的封闭状态，消费者和监管部门不可能进行全程监督，企业如何保证从原材料配发和生产工艺流程操作的高标准，保证产品质量，完全依赖企业的自律精神和诚实向善的信用态度。一些企业常常出现偷工减料、以次充好、管理松懈等问题，致使产品质量下降，甚至是有害原料进入生产过程，造成危害社会的严重恶果，这都是产品质量方面的严重失信行为。企业失信，其结果是消费者对其失去信任，企业的发展前景就可想而知。

在我国众多成功经营、百年不衰、稳健发展的知名企业中，虽然他们的主营业务各不相同，但其经营理念却惊人的一致，即坚守信用，诚信经营。例如北京同仁堂创建于1669年（清康熙八年），历经300多年的历史沧桑而日盛，其遵循的经营理念是"诚信为本、约德为魂"。同仁堂提出"泡制虽繁必不敢省人工，品味虽贵必不敢减物力"，"修合无人见，存心有天知"的自律警言，使其产品质量和药物疗效得到世人认可，"买同仁堂的药放心"是广大民众对同仁堂企业形象的最高赞誉，也是同仁堂坚持300年诚信经营的最高回报。

（2）坚持合理定价。等价交换是市场经济运行的重要原则，价格是企业产品价值的货币表现，消费者购买商品应该是企业和消费者等量劳动平等交换的过程，因此合理定价是企业遵守市场经济原则、对消费者负责、坚守信用的重要内容。

企业通过合理定价，获得投入产出的回报，是企业经营活动得以延续和发展的价值补偿条件，正常的价格形成机制是通过行业内部竞争和行业间的产业转移形成的平均利润率来实现的。其中不断会有企业通过自主创新使新产品包含更多技术附加值得到超额利润，这种现象的出现是市场经济竞争机制促进社会生产发展的结果，并不影响价格反映价值的本质规定，因此合理定价是企业遵守信用、取信于民的重要行为。但是一些企业常常采用投机取巧的办法虚抬物价，欺瞒消费者而牟取暴利，如药品行业采取变换药名的方法抬高价格，还有些企业以次充好来牟取暴利。另外利用垄断地位实行垄断价格也是价格欺诈的失信行为。

企业的经营目的，有人概括为追求利润的最大化，这是违背市场经济原则的，也是违背社会主义经济制度原则的，追求企业的合理利润与服务消费者合法权益的统一应该是企业经营者的高尚追求。某跨国公司创始人在谈到其创业时期的经营理念时说:"努力工作增加产量降低价格,使更多国民可以用更少的钱买到我们的产品,丰富国民的物质文化生活。"这里,该公司将提高劳动生产率本可得到的超额利润让利给消费者,坚持按实际成本价值定价,不能不说是诚信经营的范例。这种把企业发展和社会发展融为一体的观念使企业信用素质和社会责任得到了高度统一。坚守信用,使该公司逐渐发展成为大型的跨国公司。

(3)守规经营、诚信履约。企业生产特别是社会化大生产是高度分工和专业化的生产,一个企业的生产往往要和几个甚至几十个、几百个别的企业发生原材料、半成品供应等方面的业务联系,因此,企业遵守实物供需方面的信用是至关重要的。每个企业保持自身生产的顺利进行,必须要与各个协作企业信守合同、及时供货,倘若发生供货迟缓、质量不达标等问题,将会造成一连串的企业生产的停滞,造成社会再生产秩序的紊乱。

另外,企业的诚信经营还表现在企业和企业、企业和金融机构在资金供需链条上的债权债务关系上，特别是社会化大生产条件下企业负债经营已经成为企业扩大再生产的必要条件，只有诚信履约、按时还本付息，才能在企业和金融部门间建立信用关系，反之，失信爽约、拖欠账款将会带来企业资金供应的困难，甚至造成倒闭破产的严重后果。

从以上叙述可以看出，社会信用素质不仅是个人道德修养的集中体现，也是企业经营、企业形象的精深内涵，当全社会形成诚实守信的主导理念和行为取向的时候，这个民族走向强盛和伟大将势不可挡。

三、信用评估行业的产生和发展

信用评估，指的是信用评估机构对受评对象的履约意愿和履约能力进行客观独立的评估，并以相应符号表示其信用级别的评估活动。这里的"信用"被分解为两大元素，即履约的能力和履约的意愿。信用能力是履约的经济基础，信用意愿是履约的政治和道德基础，二者缺一不可。

1.信用评估业的产生

信用评估行业产生于19世纪中期，是伴随着欧美工业革命的产生和兴起而产生的。自14世纪一直延续到16、17世纪的欧洲文艺复兴和启蒙运动，是人类良知本性地再肯定。自由、平等、个性解放等社会理念顽强地彰显出来，冲破了极端神权和封建宗法条律对人的思想和行为的束缚，思想和行动的自由使社会文化艺术及科技发明犹如打开的闸门喷涌而出，特别是电和蒸汽机的问世，作为动力机具推动了纺织业、采矿和冶炼业以及火车、轮船等新的生产力的发展，并引起了欧美工业革命的蓬勃兴起，社会生产能力和社会融资需求的膨胀，企业扩张和创新所需资金大量以发债形式从社会筹集，而面对众多的募资企业眼花缭乱的宣传，究竟哪个真哪个假，哪个可信呢？于是信用，这个衡量企业形象的最直观、最重要的企业素质标志成了投资决策者投资与否的重要依据。经济发展把企业信用推上了市场的突出位置——信用评估行业应运而生。

对企业信用状况进行分析最早出现于美国，19世纪中叶，普尔公司创始人普尔秉承"投资者有知

情权"的信念开始对社会重大投资项目的资信情况
进行收集整理和综合分析，为投资者提供信息资料，
受到社会的欢迎，这是信用评估的雏形。1890年穆
迪公司开始对社会的募资企业经营情况进行分析，
发布有关债券投资质量的简明结论，1900年开始出
版铁路公司的统计资料并在1909年出版的《铁路投
资分析》中率先使用英语符号表示债券的优劣等级。
这种以简单符号表示各类债券优劣等级的做法使投
资者清晰而简单的得到了经营分析结果，受到投资
者的欢迎。人们一般把这种最早以简单符号进行债
券评级的做法认定为信用评估业形成的标志。信用
评估业务在20世纪20年代得到了迅速发展，1941
年标准公司和普尔公司合并为标准普尔公司，他与
穆迪公司成为当时美国两个最大的信用评估机构。
成立于1918年的惠誉国际公司经过兼并、收购，评
级力量迅速提高，其评级结果得到各国监管机构和
债券投资者的认可，于是，穆迪、标普和惠誉三家
评估机构成为美国乃至世界最有影响力的三大评估
机构。自信用评估机构诞生至今已百年有余，信用
评估机构在世界各国不断成立和发展起来。如在日

本、英国、西班牙、德国等国家相继成立信用评估机构，我国也于20世纪80年代中期成立了信用评估机构。

2.信用评估业的发展

随着信用评估业务的发展，信用评级对象和范围也由最初的债券评级进一步扩展到工商企业信用评级、金融企业评级以至到国家主权信用评级，信用评级的作用也由早期的为投资者提供债券信息服务发展到为社会经济稳定有序发展提供风险防范和风险控制服务。如建筑行业招投标市场信息服务、政府采购招投标服务、县域工业企业信用状况调查等，信用评级还进一步涉及个人信用信息的收集和应用领域。

随着信用评估业务的发展，信用评估技术也在不断得到提高，信用评级的原理是把受评主体的信用元素分解成具体的单个指标，并依据其重要性确定其在信用指标体系中的权重价值。经过调查评估过程，输入相关数据，得出最终的分值，以此确定受评企业的信用等级。这里需要强调的是依靠数学模型对企业内部的财务数据进行分析只是评级活动的一个组成部分，同时还需要对市场环境、市场竞争力、经营者的经营能力和履约记录进行考察，才能得出比较全面正确的结论。

对于国家主权信用的评级，涉及的内容更广泛，除了要对一个国家国内生产总值增长趋势、对外贸易、国际收支情况、外汇储备、外债总量及结构、财政收支、政策实施等影响国家偿债能力的因素进行分析外，还要对金融体系建设、国企改革、社会保障体系建设所造成的财政负担进行分析，最后进行评级。2011年8月6日上午，国际三大评级机构之一的标准普尔公司宣布下调美国主权信用评级由AAA级调降到AA＋，评级展望负面，这是美国历史上首次失去AAA主权信用等级。

美国国家主权信用评级被下调，引起了世界范围金融市场的剧烈震动，全球股市应声下跌，美国总统奥巴马出面抗争，声称"不论评估机构怎么认定，美国主权信用仍然是AAA级"。股神巴菲特也出面声援："如果有AAAA级，我将给美国主权信用评级AAAA级。"一时间，美国信用评级的微小调整引起了世界舆论大哗，造成了世界经济的震动，由此可见信用评级的分量。

信用评级是一件十分严肃而又重要的社会服务工作，对于维护社会经济和金融秩序，维护市场经济各投资主体的正当权益和合作关系具有重要意义，对于从事信用评级行业的管理人员和专业技术人员来说必须具备多样化的素质。既要掌握应用现代数学方法与工具进行必要的、大量的财务数据分析，又要通过个人经验来分析那些非定量的因素。而有时定性分析比定量分析更具难度，更具重要性，只有将评级的主观性和客观性较好地结合起来，才能产生科学的高质量的评级结论。

信用评估行业在社会经济中的重要作用，得到世界各国政府的重视和认可，信用评估机构亦成为社会信用体系建设的重要组成部分。而随着社会发展对信用评估业务需求的增加，对信用评估质量更提出了精细的要求，信用评估行业面临着评估技术创新求变，评估结论更精细准确的新课题。在世界经济日益一体化的全球经济发展趋势中，信用的社会定力作用和信用评级的社会经济风险防范作用将会得到更大的发挥。信用评估业将随着社会信用素质的不断提高而得到更完善的发展。

第七节　家国情怀素质

家国情怀，就是为国家和民族利益担当责任的信念和胸怀。心有家国情怀，军人必然报国之志奋奋，官员必然恪尽职守耿耿，民众必然诚信敬业殷殷。爱国主义是中华民族精神的核心，为国家为民族利益奋斗的英雄模范正是家国情怀的典范化身。

一、家国情怀理念的本质定位，是为国家和民族利益担当责任

家国即家庭和国家。家国情怀理念的本质定位是国民具备崇尚并坚守为国家和民族利益担当责任的信念。其量的表现是忠勇报国、服务民众、诚信敬业，其最高信念是实现民族伟大复兴。

国家是国民休养生息、安居乐业的家园，是先祖世世代代艰苦奋斗、顽强拼搏创造留赠给我们的宝贵的精神和物质财富。因此，爱国爱家的家国情

怀是每位国民必须具备的素质，爱国爱家就是热爱先祖创造的美丽家园，就是对先祖的忠诚，对后辈子孙的负责任。具体讲：

家国情怀就是忠勇报国。一个没有国的家也就没有安身立命之地，也就没有尊严和自尊。

家国情怀就是服务民众。维护公平正义，维护社会和谐发展。

家国情怀就是诚信敬业。把自己的工作和国家的利益联系起来，在平凡的岗位上为国家富强埋头苦干，在平凡的工作岗位上做出不平凡的成绩。

历史昭明：家国情怀是一个民族的精神命脉，是维系民族团结奋斗、生生不息的灵魂根系。从中华传统文化推崇"修身、齐家、治国、平天下"的高尚情操，上升到马克思主义解放全人类，实现共产主义理想的伟大宏论，家国情怀的理念由主观的憧憬上升到了科学实践的高度，由此又普及到了普通民众，开启了人民大众投身社会革命和建设事业的历史新篇章。于是，总有那么一批最勇敢最担当的人无论和平或国家危难的时刻，他们总是挺身而出站在保卫国家维护社会正义的最前线，自觉自律地坚守信仰、践行信仰，为国家和民族的利益无私无畏地奉献。他们是民族的脊梁，是民族的英雄豪杰。

二、家国情怀最光彩的实践群体是军人、国家公务员和各行各业遵规守法、诚信敬业的创新创业者

1.军人：忠勇报国，敢战善胜

为国家安全、民族自立而战斗是军人的神圣职责，是家国情怀素质最荣光的表现。

军人家国情怀素质的突出表现就是忠勇报国，敢战善胜。

忠勇报国：即军人履行使命责任的最高信念。国家利益第一，忠孝不能两全时舍小家顾国家，以报效国家成全小家。同时，军人以服从命令为天职，个人利益无条件服从军人的使命和责任。

敢战善胜：即军人履行使命责任的技能素质，面对艰难险阻的环境，面对残酷凶险的战斗，具备沉着应对、敢打敢拼、战而胜之的技能和智慧。

军人来自老百姓，军人的素质也根植于老百姓，因此，重视对军人和民众进行爱国主义教育，进行军事技能的培训和普及，使全国军民充满爱国激情和尚武精神。由此，军队也就获得了战胜一切敌人而不被敌人所屈服的力量沃土和精神源泉。

在加强军事院校建设的同时，在国民教育中，特别是在青少年的教育中，增加军人素质的教育十分必要。建立少年军校，从小培养忠诚爱国的理想信念，培训各项军事技能和敢战能胜的战斗能力，等等，对于在青少年中弘扬爱国英雄主义，崇尚军人素质具有重要意义。当一个民族的青少年具备刚毅勇敢的保家卫国的英雄豪气之时，对于在伍战士的军人素质就会产生巨大的鼓舞和激励作用。而且一旦战事需要，国家就可随时征召足够数量的合格军人参战，这是保持全民族军事战斗力的基础性工程。

2.国家公务员：服务民众、维护公平正义，维护社会和谐发展

国家公务员是人类社会活动中产生的专职管理国家和社会事务的政治群体。人类社会的发展告诉我们，群体互助是人类生存的必要条件。个人离不开群体，只有群体的力量才能为个人的生存提供必需的帮助和条件。同时，群体的生存又离不开公共秩序和个人自律的规矩，这就产生了对群体活动进行管理的需要，即所谓政治活动的需要，于是群体的活动中又产生了专职行使管理职能的公职人员的存在。这样，个人和群体之间的关系就演化形成了公职人员和群体相互依存休戚与共的关系。

（1）国家公务员的职责就是为国家和民众服务，权力也是公权力。

在人类生存发展活动初期，行政管理者大体是由竞争或公众推举或禅让等方式产生的，由于生存环境的险恶和部落之间的纷争，行政首领为公共利益操劳成为其活动的主体内容。而随着生产力的发展自然环境和社会环境的改善，行政管理者有了更多闲暇时间用于个人享乐，特别是执政者拥有极高权力，而权力又缺乏制约和监督机制，行政权异化为个人利益的私权力，出现了家天下的封建专制社会。行政管理者与民众群体利益一致的关系出现分离，进而形成利益对立的关系。行政管理者脱离了民众，就像个体脱离群体一样，他的生存危机就由此产生，这样，家天下王朝的灭亡也就难免了！因此，保持行政管理者即国家公务员为民众群体服务的本源性质，是维护人类社会和谐发展、长居久安的根本之策，更是避免历史周期律的根本之策。

社会主义理论对此做出了明确的阐述，国家公务员就是人民公仆，为人民服务就是国家公务员的职责使命。

当我们依据社会主义执政理念，构建国家治理体系，并建立相应的法律法规和道德伦理体系的时候，为人民服务也就成为国家公务员理念的坚定选择。在建立社会主义制度体系的同时，同步建立廉洁精干的国家公务员队伍，形成强劲的国家执政能力，是现代文明社会即社会主义社会走向繁荣昌盛必须解决的重要课题。

（2）国家公务员的合格标准是忠诚、干净、担当。

衡量一名国家公务员是否合格，是有客观标准的，那就是忠诚、干净、担当。具体讲就是要看他是否能坚持全心全意为人民服务的根本宗旨；能否勤奋工作、廉洁奉公；能否为理想信念奋不顾身去拼搏奋斗，去献出自己的全部精力乃至生命。

在我国公务员队伍中，涌现出许多坚守理想信念、廉洁奉公、恪尽职守的领导干部，他们是党的宝贵财富，是党的执政能力的中坚力量。

例如：县委书记的好榜样焦裕禄同志就是其优秀代表。他在任的兰考县，是个饱受风沙、盐碱、内涝之患的老灾区。焦裕禄踏上兰考土地的那一年，正是这个地区连续遭受3年自然灾害较严重的一年，全县粮食产量下降到历年最低水平。他从到达该县的第二天起，就深入基层调查研究。他拖着患有慢性肝病的身体，在一年多的时间里，跑遍了全县140多个大队中的120多个。

在带领全县人民封沙、治水、改地的斗争中，焦裕禄身先士卒，以身作则。风沙最大的时候，他带头去查风口，探流沙；大雨倾盆的时候，他带头蹚着齐腰深的洪水察看洪水流势；风雪铺天盖地的时候，他率领干部访贫问苦，登门为群众送救济粮款。他经常钻进农民的草庵、牛棚，同普通农民同吃同住同劳动。他把群众同自然灾害斗争的宝贵经验，一点一滴地集中起来，成为全县人民的共同财富，成为战胜灾害的有力武器。

焦裕禄对同志对人民满腔热情。他常说，共产党员应该在群众最困难的时候，出现在群众的面前；在群众最需要帮助的时候，去关心群众、帮助群众。他的心里装着全县的干部群众，唯独没有他自己。他经常肝部痛得直不起腰、骑不了车，即使这样，他仍然用手或硬物顶住肝部，坚持工作、下乡，直至被强行送进医院。

1964年5月14日，焦裕禄被肝癌夺去了生命，年仅42岁。他临终前对组织上唯一的要求，就是他死后"把我运回兰考，埋在沙堆上。活着我没有治好沙丘，死了也要看着你们把沙丘治好"。

改天换地，修建人间天河红旗渠的林县县委书记杨贵同志，在他26岁那年被任命为林县县委书记，当时就下了决心，不管遇到多大的困难，非得把林县贫穷落后的面貌给它改变了不可！他在林县整整工作了21年。林县位于河南正北靠近山西、河北两省交界的地方，是个山高坡陡、土薄石厚、水源奇缺、十年九旱的贫瘠山区。面积2046平方公里，其中一半是荒山。他率领林县人民，历经数载，修成了人工天河——红旗渠，创造了伟大的红旗渠精神。

红旗渠工程动工于1960年2月，参加修渠的干部民工每天每人只有0.5公斤原粮，1.5公斤蔬菜，在艰难的施工条件下，奋战于太行山悬崖绝壁之上，险滩峡谷之中，靠自力更生、艰苦创业的精神，没有款项、物料自己筹，不会技术干中学，知难而进，坚持苦干10个春秋，逢山凿洞，遇沟架桥，硬是削平了1250个山头，架设151座渡槽，凿通了211个隧洞，修建各种建筑物12408座，共挖砌土石垒筑成宽2米、高3米的墙，可以纵贯祖国南北，把广州和哈尔滨连起来。红旗渠的建成在国内外产生了巨大的影响，成为我国水利建设上的一面旗帜。

当有人质疑他修红旗渠是搞政绩工程，是秦始皇修长城时，杨贵回答："工作中不管给我戴什么帽子，我只认准一条，老老实实工作就行了。林县祖祖辈辈缺水盼水，共产党再不解决这个问题就对不住老区人民！尽管压力很大，但我还是顶住了。而且以后的实践也证明，修渠完全符合群众的长远利益。"

有记者问他："您是否觉得做大事才是大的政绩？"杨贵说："我觉得不是。我一直信奉一句话：群众最关心的事，就是大事。林县1200多个村子，大部分我都去调查过。一次到一个叫四方脑的山村，睡到半夜忽然觉得背上火辣辣地疼，打开灯一看：屋子里密密麻麻爬满了臭虫！一问才知道臭虫是村子里的大害，有的村民只能到街上睡觉。我马上叫来县医院医生，根治了虫害。多少年了，那个村的人见了我仍然会说：'你给我们除了一大害啊！'可见真的是群众利益无小事。说到底，就是实事求是为群众办实事。如果只做表面文章，会很危险，群众会对你丧失信心的。党中央提出立党为公，执政为民，又提出加强党的执政能力建设很及时，很受鼓舞，领导干部就应该从群众的根本利益出发，切实解决他们关心的问题。抓住了这一点，我们的党大有希望！"

中华人民共和国成立以来感动中国人物之一孔繁森同志，是新时期共产党员的楷模，一尘不染两袖清风的好干部。他扎根西藏，为西藏发展献出了宝贵的生命。

从1979年开始，他两次进藏工作，勤政为民，促进了当地经济社会发展和民族团结。孔繁森第一次赴西藏工作，担任日喀则市岗巴县委副书记。在岗巴工作3年，他跑遍了全县的乡村、牧区，访贫问苦，和当地群众一起收割、打场，干农活、修水利，与藏族群众结下了深厚的友谊。孔繁森第二次赴藏工作，担任拉萨市副市长，分管文教、卫生和民政工作。为了发展当地教育事业，到任仅4个月的时间，他就跑遍了全市8个县区所有的公办学校和一半以上的村办小学，为发展少数民族的教育事业奔波操劳，使拉萨的适龄儿童入学率从45%提高到80%。全市56个敬老院和养老院，他走访过48个，给孤寡老人送去了党和政府的温暖。

因西藏偏远地区医疗卫生条件较差，他每次下乡时都特地带一个医疗箱，买上数百元的常用药，送给急需的农牧民。工作之余，他就给农牧民群众认真地听诊、把脉、发药、打针，直到小药箱空了为止。1992年，拉萨市墨竹工卡等县发生强烈地震，孔繁森在地震废墟上，还领养了3名藏族孤儿。1993年春天，年近50岁的孔繁森赴任阿里地委书记后，为了摸清情况，探索带领群众脱贫致富的路子，在不到两年的时间里，全地区106个乡他跑遍了98个，行程达8万多公里，在孔繁森的勤奋工作下，阿里经济有了较快的发展。

孔繁森同志有一句名言：“一个人爱的最高境界是爱别人，一个共产党员爱的最高境界是爱人民。”这句话，看似平常，却是人民公仆情怀的集中展示。孔繁森把工资中的大部分用于帮助有困难的群众，平时根本就没有攒下几个钱。他给群众买药，扶贫济困时出手大方，少则百十元钱，多则上千元。他因车祸牺牲后，人们在料理孔繁森的后事时，看到两件遗物：一是他仅有的8元6角钱；一是他去世前4天写的“关于发展阿里经济的12条建议”。这就是孔繁森留下的遗产，体现出一名共产党员的高尚情怀。

他们都是社会主义家国情怀的践行者，是国家公务员岗位上最鲜亮的光辉形象。

（3）国家公务员素质的提高是一个在学习中反复感悟，在实践中反复修炼的过程。

行政管理干部一般分为两种类型：一是任务倾

向型，即立场坚定，原则性强，敢抓敢管，关键时刻冲得上去，平时默默干实事的干部。其不足之处是人际关系能力不强，容易得罪人，形成工作阻力。二是关系倾向型，即处事灵活，善于协调各种关系，能够保持局面的稳定和工作平稳运行，但开拓精神不强，工作上满足于现状。这两类干部各有优缺点，因此，促使他们发扬长处，补齐短板，实现既有克难攻坚的魄力，又有协调、稳定工作的能力。这是现代社会对公务员素质的必然要求。

这种对公务员高强素质的要求，并非天生具备，需要在实践中反复修炼，在学习中反复感悟。历经磨炼和挫折，逐渐进步，才可能达到较高水平的要求。

习近平总书记在中央政治局"不忘初心、牢记使命"专题民主生活会上强调，中央政治局的同志要从严要求自己，时刻自重自省自警自励，做到慎独慎初慎微慎友。这一重要论述，深刻阐明了党员干部特别是领导干部修身律己、自我净化、自我完善的基本要求，为加强新时代党员干部队伍建设明确了自律标准、指明了努力方向。

（4）保持和提高国家公务员素质，是关系国家执政能力的根基大事。

这里有许多重要的工作要做：

首要的工作是建立对公务员行为的约束监督和撤换制度。中共十九届中央纪委四次全会强调，一体推进不敢腐、不能腐、不想腐，不仅是反腐败斗争的基本方针，也是新时代全面从严治党的重要方略。凝结着对不正之风、腐败问题发生机理，对管党治党规律和当前形势任务的深刻洞察。这对于保持公务员队伍的清廉，反腐防腐具有重大意义。

同时，必须加强国家公务员人格品性的修养和培育，建立起强大的内心道德守衡定力，即不忘初心，执政为民。其中特别强调两大戒律。

第一戒：戒除对钱财的贪欲之心。金钱和财物是生活的必需品，但君子爱财，取之有道，作为国家公务员的正当收入就是根据其职务和职级由国家配发的相应待遇，不像其他职场特别是经商活动那样可以通过努力获得更多报酬，甚至发家致富。国家公务员的职业定位是无私奉献，而且这种奉献是与发大财绝不相干的。习近平明确告诫："想当官就别想发财，想发财就不要当官。"国家公务员如果贪欲钱财之心不戒，难免会见财起意，见利忘义，甚至以权谋私搞权钱交易，成为贪官污吏，成为人民的罪人。

第二戒：戒除对情色的迷恋之心。男女爱恋，既是生理本能，也是人之常情。正常的男女交往有利于身心愉悦，也有助于取长补短，提高工作效率。但是，男女之间的交往要受法律和道德的管束。不可迷恋于情色陷入淫乱泥泽，带来社会纠纷和家庭悲剧。特别是国家公务员肩负着社会治理的重任，如果放任自己，迷恋情色必然会产生权色交易、藏污纳垢之行为，将对政府形象和政府公信力产生极大损害，对社会风气带来极坏影响。而且迷恋情色往往难以自拔，最终害国害家害自己。因此，国家公务员戒除对情色的迷恋是十分必要的。

国家公务员在人格品性方面需要做到的和需要戒除的律条还有很多，但是戒贪钱财、戒贪情色是必须做到的两条。贪财和贪色相互交织，狼狈为奸，是导致人品堕落的祸根，为保持国家公务员素质的纯洁，必须戒除之。

总之，在加强对权力的约束和监督的同时，加强对公务员人格品性修养的培育，建立选贤任能，优胜劣汰的干部制度，形成使自觉、自律、自愿为社会进步担当责任的优秀人才进入国家管理队伍；使投机钻营、弄权谋私者难以存身的机制，对提升和保持国家公务员的高素质水平，提高国家治理能力至关重要。

3.普通民众：诚信敬业，遵规守法

在军人和国家公务员作为家国情怀素质的集中体现群体外，作为普通民众，家国情怀则表现在其个人的处事理念和行为倾向上。

（1）普通民众的家国情怀素质表现为诚信敬业，遵规守法。

国家利益是民众利益的整合和整体反映，但民众利益各色各样，且多有变化，因此，国家利益只能包含民众利益中的正当权益，如受教育权、人身财产安全权、合规劳动、创新创业、自主择业和自由迁徙等权益。与此同时，个人的正当权益又排斥个人的不良行为和各种侵害他人、侵害公共利益的行为，如偷窃、欺诈、损占公共财物、扰乱公共秩

序等。一句话，普通民众的家国情怀素质具体表现为诚信敬业、遵规守法。

诚信敬业：诚信，是治国理政的重器，也是人格修养的至高境界。人而无信，不知其可也。政而无信，民心尽丧也。敬业，即对所从事的工作尽心尽责、精益求精。

遵规守法：即遵守国家法律，合规经营处事，主动承担社会责任和义务。遵规守法是诚信敬业的法律保证，也是个人行为的基本要求。

（2）尽力担当家庭孝悌之责，勇于担当社会忠信之义。

当我们对个人应有的正当权益和应守规矩做出明确规定时，也就形成了个人、家庭和国家利益的有机联结：尽力担当家庭孝悌之责、勇于担当社会忠信之义是高度一致的。家和万事兴，家齐国安宁，齐家治国平天下是一脉相承的。

个人守法经营、生产出质优价廉的产品就是对社会公益的贡献。而国家对个人生命财产安全的保护，就是对社会秩序稳定的保障。国民接受良好的教育，在学业和事业上有所成就，就是对国家进步和家庭幸福的贡献。

国民的家国情怀素质落实到普通民众身上，就是对公民正当权益的坚守和践行，即诚信敬业、遵规守法。在道德礼仪规范中发展个性，在法律法规范围内创新创业。

国家富强和民族振兴，依靠着军人站在最前线忠勇报国的护卫，依靠着国家公务员恪尽职守的奉公服务，也依靠广大民众为国为家诚信敬业的劳动和创造。在我国社会主义革命和建设事业中，涌现出许多在各自岗位上兢兢业业、埋头苦干、无私奉献的平民英雄，如"干惊天动地事，做隐名埋姓人"的研发高端武器的科学家们，他们几十年如一日，不计个人名利为国家重武器的开发，为国家的安全做出了巨大的贡献。又如，杂交水稻专家袁隆平，常年奔波在田间地头，不辞辛苦为解决我国稻米增产问题直到90高龄，仍奋斗不息，创造出亩产千多公斤的粮食增产奇迹。又如，世界知名的生命科学家施一公，放弃在美国优厚的待遇和清华大学副校长的职位，在国内白手起家创办西湖大学，立志要在国内办成世界一流大学，为国家培养世界一流的科技创新人才，其爱国报国之心令人感动。又如，大批量的长年坚守在山乡僻壤小学的农村教师，为普及国家义务教育，提高山村孩子的文化素质，而任劳任怨、默默耕耘。

这些平凡岗位平凡人物的所作所为，彰显了家国情怀的人格力量，彰显了家国情怀在国家和民族振兴中的巨大精神支撑力。

三、社会主义制度使家国情怀素质得以发扬光大

家国情怀在古今中外都是人们崇尚的人格操守，也是一个民族抵抗各种侵害顽强生存的精神力量。但是在漫长的封建专制制度下，这些忠勇之士往往壮志难酬，甚至面临被排斥、打击、伤害的厄运，这似乎已成历史曲折发展的常态。因此这些圣贤达士只能激烈抗争，或者柔韧坚持，或者以遁入世外的方式来应对专制制度下的社会磨难。例如屈原：刚直激烈，以死明志；孔子：坚忍勇毅，负重宣道；老子：心怀道法，遁游世外，等等。家国情怀作为

民族振兴的精神支柱，只有在社会主义民主制度中才能得到发扬光大。

综上所述，家国情怀素质既是国民正当权益的集合反映，也是社会不同行业行规的规矩集合。而值得人们崇尚和敬重的是自觉、自律、真诚信奉家国情怀理念的军人、国家公务员和一切奉公守法、为国奉献的普通民众。他们是国家和民族利益最勇敢、最具牺牲精神的捍卫者，是国家振兴的中坚力量。他们为国家和民族的利益勇担责任，不计报酬，埋头苦干，舍小家顾国家，付出了沉重代价，做出卓越贡献。因此，他们是全社会应当敬重的英雄，是民族强大生命力的坚固基石。也是引导国民素质保持科学理性，并不断升华的道义明灯。

第三章　国民素质的教化与提升

第一节　国民素质教育的全面系统和循序渐进

　　国民素质是一个相互联系、相互影响的诸多子项组合而成的素质体系。国民素质的教化和提升，不只是对某一素质子项或其中几个子项的教化和提升，而是要有重点、有层次的系统性的教化和提升，其中，家国情怀素质是国民素质体系中的核心素质，是维系民族团结奋斗生生不息的灵魂根系。因此，是国民素质教育的重中之重。

　　国民素质教育必须重视系统性，只重视一项或几项素质内容的教育是不够的。例如：坚持理想信念、无私奉献的精英人才，由于缺乏健康素质的理念而劳累过度、造成身心健康的损害，而懂得自我身心保护，对于更好的精力投入工作，无疑是极有助力的。同样，从事经济和科研工作者，如果具备文艺修养素质，则可激发其创造型思维能力，也可丰富其业余文化生活等。而文学艺术从业者如果缺乏家国情怀素养，或者缺乏物质财富素养，或者缺乏社会信用素养、家庭伦理素养，等等，就很难产生歌颂真善美的优秀作品，为社会进步唱响赞歌。反而会追逐拜金主义，粗制滥造低俗庸俗的文艺作品，毒害社会风气等不一而足。国民素质教育还要注意根据人的生理和心理发展规律实行有针对性的循序渐进的教育。

人的心理发展过程，大致分为三个阶段：自在阶段、反思阶段和自为阶段。所谓自在阶段，基本上是在1—3岁的幼年时期，其心理行为由内在欲望支配，无拘无束，随心所欲。之后，从孩童开始，注意外部世界对个人行为的态度，从而开始反思、调整个人的行为，使自己逐渐接受社会礼仪习俗、伦理法规的约束，成为具有适应社会能力的公民。这段时间，大致在4—18岁，其间，有良好系统的学校、家庭和社会教化，个人的心理素质就进步成熟快，反之，则进步缓慢，甚至顽童本性不改，形成与社会不合拍的心理定式。而18岁起进入人生创业知识的学习和创业实践阶段，良好的、系统的国民素质教育，将对其创新创业产生积极有效的理性引导和实践能力的帮助。

由此可知，18岁之前的素质教育对一个人的成长具有基础性的意义。在这个阶段除了家庭教育，大量的知识是通过学校的教育得到的，因此在小学、初中、高中阶段对青少年进行全面、系统的国民素质内容的传授、教化，是塑造、培养积极向上的、全面发展的国民素质工作中至关重要的时间。

第二节　国民素质教育中的个性发展

国民素质是通过国民的个人素质表现出来的，国民个人素质既受生理和心理发育过程的影响，还受个人个性的影响。即便对于同一事物持同一态度，不同个性的人其行为表现却有差别，例如：有人快人快语，有人则冷静内敛。

人的个性是性格和气质的综合表现。个性分为外向型和内向型，而气质则分为多血质、胆汁质、抑郁质和黏液质。科研及实践已证实，性格是由气质决定的，如多血质和胆汁质的人群，性格外向开朗，敢说敢做，喜欢人际交往，具有创业开拓的潜质，而抑郁质和黏液质气质的人群，性格内向，处事谨慎、冷静，喜欢独处。具有守业和内部管理的潜质。不同的气质和性格，形成了国民个体个性的差异和互补的组合。

国民之间个性的差异，并无优劣之分，但个性本身却有长短之别，如外向型性格处世大胆，却常欠周密，内向型性格处世谨慎，但却比较稳妥。

不同个性的国民，在素质修养和表现中要有自知之明，知道自己的长处和短处，扬长避短，才能取得事业的成功。而自制自律，是提高个人素质的重要途径。

不同的个性在社会活动中必然会形成相互联系，而这种联系又呈现出物理学同性相排斥、异性相吸引的现象。比如，同是外向型性格的个体，常常会争执不休，很难合作；同是内向型性格的个体，常常缺乏沟通，而产生隔阂。相反，外向型性格和内向型性格的个体，则相互适应，产生互补效应，形成很好的组合，因此在社会组织关系的组合中，对人的个性、气质、性格的组合，也成了现代管理学组织关系的重要内容。

在国民素质的教育中，主流的理念是加强修养、收敛个性，即处世要坚持原则、宽厚包容。但在人们的实践作为中，却常常需要发展个性甚至走向极端的情况，才能在事业和学术等领域取得突破，创造出类拔萃的成绩和贡献。对于这种情况，应给予鼓励，并为其展示才华提供必要条件。

对于因个人事由产生情绪失控，甚至走极端，陷入不可自拔的程度，如极度思恋，极度怨恨等由此产生的思想抑郁，行为乖僻，对社会和个人都会造成不良后果。对其进行心性修养和心理疏导，也是必须的社会责任。例如《梁山伯与祝英台》《罗密欧与朱丽叶》以及林黛玉等文艺作品表现的情感悲剧，就是情绪走向极端的表现，只能对其表示悲怜，而不宜作为宣扬和效仿的榜样。

那么，能否把国民的个性进行改变，形成同一个性呢？答案是否定的，这是因为人的气质性格是由人的血型和神经类型决定的。A型血决定了人的气质是黏液质，其神经类型是强而迟缓；B型血决定了人的气质是胆汁质，其神经类型是强而兴奋；AB型血决定人的气质是抑郁质，神经类型是弱而收缩；O型血决定人的气质是多血质，神经类型强而灵活。不同的气质和性格决定了个人生理和心理的不同，进而影响个人的爱好和行为倾向。如抑郁质人群，喜静，适合从事科研、财务工作；胆汁质的人群，常常会在开拓型的工作中大显身手；而黏液质人群，冷静柔韧，具有团队精神，适合在社会组织中发挥主导才能；多血质人群，温和包容，细心耐心，适合在管理协调岗位上发挥才能。

人的个性，虽然由生理学因素所决定，但在人际生活中也会受到各种社会观念影响而发生修正。例如，同是内向型性格，由于所受家庭和社会教育差别，有人会克服谨小慎微的心理倾向变得开朗包容。有人则内心封闭，敏感孤独，常因一些小事斤斤计较、心情抑郁，等等。因此，国民素质教育对不同个性的群体的教化和提升，对于克服自身个性中的弱点，增强其社会适应调控能力，提高整体国民素质都是十分有必要的。

第三节　国民素质的教化是一个不断抵制腐朽、不断维护更新的过程

辩证法所指示的现实是，任何事物的存在，都有对立面的影子，例如：良善与凶残、正义与邪恶、诚信与欺诈、高雅与低俗、节俭与奢侈、自律与放纵、功利与淡泊，等等。可见，国民素质的教化过程，不仅是公民与自身的不当私欲进行理性矫正的正心过程，还是一个与外部世界不良意识和邪恶行为碰撞的博弈过程。

在日常生活中，良善和邪恶相遇，受伤害的常常是良善的国民，而获利的常常是邪恶行为者。这是因为良善国民忠实遵守规矩，虽无害人之心，但也无防人之意。而邪恶者，则肆意妄为，不择手段。由于恶行屡试不爽，更会变本加厉，进而形成团伙，形成黑恶势力，形成对社会风气和国民素质的严重腐蚀和冲击。因此，在国民素质的教化过程中，

在加强民众对邪恶势力的认识和抵制能力培养的同时，必须重视德法兼治。

所谓德法兼治，就是对任何违犯法律和道德的行为，都要进行严厉惩罚，特别是对所谓道德违规的惩戒更要给予高度重视。许多社会上的投机取巧、弄虚作假、不守秩序、粗言秽语、贪占便宜等不良行为往往因没有触犯刑法而对其无可奈何，即使被视为道德违规时也仅仅停留在道德谴责上，而没有相应的惩戒措施。这就形成了对不良社会行为的宽容放纵，放任自流，极大地侵蚀着良好的社会风气，滋养着不良习俗的衍生。例如对于火车上的霸座劣行，以往总认为是道德修养小毛病，只是进行劝说或批评、谴责了事，收效甚微。现在采取强制带离车厢，行政拘留处罚，有力纠正了公共场所的歪风邪气。针对社会上大量存在的以道德失范为借口的不良行为的泛滥，各地政府正在采取措施进行监督管理和处罚。例如三亚市政府出台了6种不文明行为处罚依据，其中包括：1. 随地吐痰、吐槟榔渣汁、吐口香糖、便溺。责令清除，处50元罚款。2. 乱扔果皮、纸屑、烟蒂、饮料罐、塑料袋等废弃物。责令清除，处50元罚款。3. 乱倒生活垃圾、污水、粪便。责令清除，处50元罚款。4. 擅自在城市主要街道和重点地区临街建筑物的阳台外、窗外、屋顶吊挂或者堆放影响市容物品。责令限期改正，处50元以上300元以下的罚款。5. 擅自在城市建筑物、构筑物、公共设施、路面、树木、电杆上涂写、刻画、喷涂以及张贴广告标语。责令清除，处200元以上2000元以下的罚款。6. 公职人员涉及不文明行为。公职人员受到行政处罚的，责令其单位进行批评教育；情节严重的予以全市通报批评。

再如，郑州市拟对6种不文明行为的处罚方式进行明确规范。针对养犬、公共场所禁烟等突出问题做出了明确规定，其中六条不文明行为由相关行政执法部门责令整改，处警告或50元以上200元以下罚款，包括从建筑物或车辆内向外抛撒物品；携犬出户不束犬链（绳）、不及时清理犬只粪便；通过人行横道时使用手机等便携式电子设备，等等。

这些具体而明确的对不文明行为的处罚条例的公布和执行促进了良好社会道德风气的形成。实际上，社会主义社会的建设过程，也是对个人行为规矩不断细化、不断规范化、不断从严管束的过程。

所以，重视社会道德约束惩戒机制的建设，是一项与法律约束惩戒机制建设同样重要的社会治理工作。对违背社会道德的行为制定严格规范的惩罚制度，同时建立个人社会信用征信制度，使守信者得到褒奖、失信者处处受到制约，这对弘扬社会正气、提升依法治国水平、提高国民素质都具有重要意义。

第四节　国民素质教化中的学校和教师的责任

教育在中国是个千年不衰的话题。养不教，父之过；教不严，师之惰。《三字经》里的这句话大家都很熟悉。其意思就是：光养孩子不教导，是父亲的过失；教育不严格，是老师太懒惰了。但当今在一些学校里，教育不能严格起来，不是老师懒，而是教育方法、路径匮乏，教师想严加管理却缺少相关制度规范的支持，畏首畏尾，无所适从。因此教育方法也要与时俱进，国家和学校应在教育环境的营造上，构筑一套界限明确、可操作性强的教师教学和惩戒手段规范，但目前在这方面是个短板。

第五节　现代管理中的传统道德素质教育

重视员工的传统道德素质教育，是现代管理的重要特征，如何将道德素质教育渗入到现代管理中，形成强烈的生产动力，是管理者日益重视的新课题。

道德素质，可以有多种界定，其核心内容可以归结为传统伦理中的"仁"。孔子谈到理想人格应具备"仁""智""勇"三者，"仁者不忧，智者不惑，勇者不惧"，这三个方面是相互联系的。其中"仁"，是人格的基础，属于道德范畴，是道德素质的核心内容。

所谓"仁"，就是"爱人"，孔子曰："仁者爱人""仁者莫大于爱人"。"仁"就是以爱心对待世界，对待民众。作为自身修养，则要求心性和谐，宽厚达理。做到这些，就不失为一个有良好道德修养的人。

在现实生活中，人们的道德修养水平是有差距的。这主要体现在思想境界的高低方面。例如，一部分人只是把"仁"局限在自己的亲缘关系之内，爱父母、妻子、儿女，或者再扩大到亲属。这种道德境界保持了家庭的稳定和存在，这是基础层次的道德水准。它的局限性在于排除了对宗亲之外的人的"仁"，我们把它称之为宗亲道德观念。第二种道德境界，是把"仁"扩大到家庭、亲属之外，深入到自己所处的社会团体，例如爱自己的学校，爱自己的企业等。这是人类社会进化的表现，也是道德力量发展的重要表现。但这种道德境界又把"仁"局限在社团之内，可能形成对其他社会群体的排斥而形成团体主义、地方主义、狭隘民族主义等弊病。这种情况在市场经济的社会中是常见的，我们把它称之为社团道德观念。第三种道德境界是把"仁"扩大到人类社会，"天下为公""以解放全人类为己任""为人民服务"等等，同时还进一步扩大到自然界，"保护环境""保护野生动物"，等等。达到这种道德修养境界，才真正符合人类社会自身发展规律的要求，符合人类自身的根本利益，而只有站在这种高度，才能科学、合理地处理人类社会发展所面临的一系列重大课题，我们把它称之为社会道德观念。

人类道德内涵和三种境界各有其存在价值，同时又是紧密联系的。没有基础层次的修养，就不可能具备更高层次的道德观念。例如，不具备宗亲道德观念的人，他就不可能产生社团道德观念。试想，一个不孝敬父母的人，怎么可能会真诚对待共同工作的工友、同事呢？同时，人类道德内涵三种境界的差别在同一时空中又是永远存在的，不可能在某一天使社会全体成员达到同一水平的道德境界，人之爱人，是从爱自己的亲人开始的。能否实现道德观念的递进，需要社会的进步和科学的教育，同时也与个人的修养、个人的主观努力有关。因此，不同人的道德境界升华的快慢是不可能相同的。这样，社会上总会有不同层次道德素质水平的群体存在。

企业的员工作为自然人，大都处于18岁至60岁年龄之间。这部分人在道德观念上已基本形成定式。各个道德境界的人都有存在。因此，企业管理者在进行现代管理活动时，必须清醒认识员工道德素质的差距，重视对员工进行理性化的道德启迪和教化，激发员工对企业的忠心和努力为社会做贡献的工作热情。把员工的道德理念统一在企业价值观念中，统一在企业哲学中，着重需要做好以下几方面的工作：

其一是孝道升华。孝的原意是指对父母养育之恩的感激之情和报答行为。孝的观念不是自然产生的，是在对亲情认可基础上升华成的报恩观念和行为。一个人在孩提时，在父母的养育中，对父母产生亲切感情，这是人生在世最初始的感情，是一种美好亲善的感情，因此有"人之初，性本善"之说。但这样的感情并不会自然演化为"孝心"。孝的观念，需要经过理性教化才能形成。在正常情况下，大多数人会有从对父母亲情的重新认可的心态，升华出对父母的养育之恩予以回报的心理活动，这时，孝心才得以产生。在现实生活中，有少数人一直未完成这种心理上的升华，也有少数人直到30多岁至40多岁才会"良心发现"，产生对父母的"报恩"意识。可见，孝心产生于亲情感觉之后，是感受父母亲情之后升华出的意念，是父母的亲情产生的结果。反过来说，一个人能否从父母对自己的亲情中产生"知恩图报"的观念，即"孝"的观念，也是衡量此人心理是否健康的重要标志。企业管理之所以重视"孝道升华"的教育，是因为只有具备感受亲情并能升华为孝心的健康心理的员工，他才具备对企业忠诚的道德基础。一个对父母无情无义，对帮助自己的人不思回报的员工，是不可能产生忠于职守的观念的，也不能尽力尽心地为企业发展服务。他们或者巧于言辞，欺上瞒下，中饱私囊；或者明火执仗，背叛企业出卖企业利益（如出卖技术情报给本企业的竞争对手等行为）。

进行孝道升华的教育，重在培训员工感恩理念，即知恩图报的健康心理。当员工感受到企业对自己的亲情，员工会把企业当成自己的"家"，产生"以厂为家"的感情，这样，就会在对家庭的孝道中升华出对企业的诚信敬业之心。这是企业管理成功的最为宝贵的财富。

其二是友情培育。友情，原本意义上指的是兄弟姐妹间的友爱感情，这种感情是子女对父母亲情的延伸，由敬爱父母产生出对父母的其他亲人的友好感情，所谓爱屋及乌是也。这是在宗亲道德意义上的友情，亦是人类美好道德的基础。

　　在现代管理活动中，注意培养员工之间的友情，把员工中宗亲友情培育成企业全体员工之间的友情理念，对形成一个同心同德，团结一致的整体力量，减少矛盾和纠纷，减少内耗是十分重要的。

　　在宗亲道德中，友情以血缘关系为基础，那么企业员工之间的友情的基础是什么呢？答曰：共同的物质利益和现代社会的平等观念，亚当·斯密提出了商品经济中"经济人"的观点，认为在市场中人们之间尽管各人需求不同，但利益是相通的。任何个人都要在这种联系中，在为别人工作的同时实现自己的利益。"你给我我所需要的东西吧，这样你就可以得到你所需要的东西。"这就是市场上人们作为经济人的代表性语言，包含着平等交换劳动这一进步的社会公理。劳动者在分工和平等交换商品中相互依存、平等相处。人们之间的友情通过商品交换延伸到宗亲关系之外，导致社团友情观念的产生。随着劳动者的觉悟提高，特别是现代企业制度的形成和行为管理理论的引导作用。在社会主义制度下，劳动者与生产管理者的不同利益有机地衔接起来，企业领导者与职工之间合作的相对性和必要性得到广大员工的认同，于是，员工之间的友情素质也开始成为现实。

友情培育工作要抓好两点：一是领导者要设身处地为员工的利益着想，把企业发展同员工利益和社会责任联系起来，引导员工创造大蛋糕而不要过急计较如何使眼前的小蛋糕分得公平的问题。从而使员工对企业产生亲情之感，进而使员工之间培育出亲如家人之友情。二是注意领导骨干的模范带头作用，以谦和体贴的态度对待下属，以兄长的姿态联系员工，等等，这种工作作风带来的结果必然是企业中勤奋敬业，团结互助风气的形成，企业内部职工矛盾、干部矛盾的有效化解，这种人文环境对企业发展的积极作用是无可估量的。

其三是礼规教育。这也是员工道德素质的重要内容。礼的教育，是良好道德得以维持下去的重要条件。"礼"，就是对人的行为进行规范，在规范中保证良好道德的发扬。例如，父慈子孝、兄谦弟让等。这些属于家庭关系的礼节，是家庭和睦相处的条件。又如，对朋友诚信无欺，与人相处礼敬为先等，这些属于社会交往中的礼节，保证了社会上人与人之间的友好相处。而在企业管理中，礼规素质的教育重点在于强调严格的遵纪守法的管理原则。

在企业的礼规教育中强调遵纪守法的管理原则，最基本的要求是要达到"君君、臣臣、父父、子子"的境界，即君要像君、臣要像臣、父要像父，子要像子。推而广之，在企业管理中，人人要达到自己所在岗位的技术要求和道德规范的标准要求，人人都以守礼尽责为己任，而不是玩忽职守甚至胡作非为。这样，干部才有威信，职工才有信心，企业才能形成严谨、高效的生产秩序。

对员工进行道德素质教育，是现代管理活动的一项重要内容。它能有效地克服职工道德修养方面的缺陷，使企业文化的发展具备可靠的道德基础，实现企业所要求的职工道德素质的升华。它对于稳定职工队伍，提高企业整体效益具有重要意义。

结语

综上所述，我们可以做出如下结语：

天者，序之器也，人者，欲之物也。

欲妄则乱序，序乱则伤神，神伤则形衰，形衰则无以承事矣。

故，世人应晓天理，明是非，节私欲，知己知人，谦和处事，在社会给予的机遇中，在自己属意而专长的工作中做出成果，亦不虚世间素衣之行矣！

在规矩中张扬个性，在法律内施展才华，为实现人民幸福、民族复兴的中国梦担当社会责任，实现人生价值，此乃国民素质要义也。